# Minna no Nihongo

# みんなの日本語

Nivel Intermedio I

中級 I 翻訳・文法解説 スペイン語版
Traducción y Notas Gramaticales

スリーエーネットワーク

© 2011 by 3A Corporation

All rights reserved. No part of this publication may be reproduced, stored in a retrieval system, or transmitted in any form or by any means, electronic, mechanical, photocopying, recording, or otherwise, without the prior written permission of the Publisher.

Published by 3A Corporation.
Shoei Bldg., 6-3, Sarugaku-cho 2-chome, Chiyoda-ku, Tokyo 101-0064, Japan

ISBN 978-4-88319-560-2 C0081

First published 2011
Printed in Japan

# Prefacio

El libro de texto de la lengua japonesa **Minna no Nihongo Chukyu I** (Japonés para Todos - Nivel Intermedio I) ha sido planificado y editado para formar un extenso programa como la continuación de **Minna no Nihongo Shokyu I y II** (Japonés para Todos - Nivel Elemental I y II). El libro **Minna no Nihongo Shokyu** (Japonés para Todos - Nivel Elemental), primera edición en 1998, el material del primer aprendizaje de la lengua japonesa destinado a los adultos en general, fue desarrollado como material de enseñanza que les permitiera aprender con rapidez las técnicas elementales del idioma. No obstante, a pesar de que originalmente fue diseñado para los adultos, también se emplea no solo en Japón sino también en otros países como material de enseñanza del japonés elemental para los estudiantes cuyo objetivo es ingresar a la universidad, así como para los alumnos extranjeros que ya estudian en una universidad japonesa.

Por otra parte, continúa aumentando la cantidad de personas extranjeras que residen permanentemente en Japón o que llegan a este país con el propósito de trabajar a medida que se va reduciendo el número de nacimientos en Japón y se amplían las relaciones internacionales. Para esas personas, el texto **Minna no Nihongo** se aplica ampliamente como un libro de texto de fácil aprendizaje.

A medida que se diversifica el tipo de estudiantes y aumentan las necesidades de libros de texto, un gran número de personas de diversos campos nos ha estado pidiendo que elaboremos un libro de texto de nivel intermedio como continuación de **Minna no Nihongo Shokyu I y II**. Después de haberlo escrito y haberlo sometido a muchas pruebas, análisis y ediciones, hemos logrado publicar este presente libro, deseando que cumpla las expectativas de toda la gente.

En un nivel elemental de japonés, la gente que necesita comunicarse en este idioma debe ser capaz de transmitir sus propias ideas y comprender lo que dicen los demás. Sin embargo, en nuestra opinión, en un nivel intermedio, se requiere algo más. Es decir, los estudiantes deben poseer un buen dominio del idioma con el fin de comprender la cultura y las costumbres de Japón. El contenido de este libro ha sido preparado con el propósito de ofrecer una amplia ayuda a este tipo de estudiantes.

Por último, en la realización de este libro hemos contado con la generosa colaboración de muchas personas, incluyendo opiniones y experimentos en las clases. Deseamos expresar nuestro sincero agradecimiento a toda la gente que nos ayudó. En 3A Corporation, no solo deseamos desarrollar y publicar el material didáctico que será necesario para la futura sociedad de convivencia pluricultural, sino que también intentamos expandir la red de comunicación de persona a persona a través de esas actividades. Esperamos que continúen ofreciéndonos su valioso apoyo para lograr estos objetivos.

Octubre de 2008
Michihiro Takai
Presidente, 3A Corporation

# Notas Aclaratorias

## I. Composición del Libro

El presente *Minna no Nihongo Chukyu I* (Japonés para Todos - Nivel Intermedio I) consiste de un *Texto Principal* (con CD) y *Traducción y Notas Gramaticales* (*versiones disponibles en diferentes idiomas*). Se tiene previsto publicar progresivamente versiones de "Traducción y Notas Gramaticales" en diversos idiomas, además de la inglés.

Este libro tiene el objetivo de ayudar a que el estudiante desarrolle la capacidad de estudiar por sí mismo y las habilidades idiomáticas en general en aspectos tales como "conversación y comprensión oral" y "lectura y escritura", que son necesarios en el nivel intermedio preliminar (que les permite avanzar del nivel elemental al intermedio).

*Minna no Nihongo Chukyu*, integrado por *Chukyu I*, este libro, y seguido por el volumen *Chukyu II*, permitirá a los estudiantes aprender el nivel intermedio del idioma japonés.

## II. Contenido y Modo de Uso del Libro

**1.** *Texto Principal* (con CD)

(1) Lecciones

*Minna no Nihongo Chukyu I* (que contiene 12 lecciones en total) es la continuación de *Minna no Nihongo Shokyu I y II* (que contienen 50 lecciones en total). A continuación se explica su contenido:

1) Gramática y práctica

Los ítems gramaticales de cada lección se indican en forma de "frase patrón", evitando la terminología gramatical.

Cuando una "oración" se enlaza con un enunciado, se indica con 「…」.

Ejemplo: 「…ということだ」(Lección 2)

Cuando una "frase", incluyendo un sustantivo, se enlaza con un enunciado, se indica con 「〜」.

Ejemplo: 「〜を〜と言う」(Lección 1)

Sin embargo, aun si un enlace es una oración, se le indica con 「〜」 si su terminación necesita una forma especial como en la "forma て", la "forma た", la "forma de diccionario", la "forma たら", la "forma ている" y la "forma ば", etc.

Ejemplo: 「〜たら、〜た」(Lección 2)

La manera en que los ítems gramaticales (frases patrón) se emplean en la realidad se ilustra con ejemplos de oraciones y diálogos. Se proporcionan "practicas" con el fin de ayudar a los estudiantes a desarrollar su capacidad para usar los ítems gramaticales, así como ilustraciones cuando es necesario mostrar el contexto. Los ejercicios han sido preparados para que los estudiantes hablen basándose en los ejercicios de frases patrón y desarrollen temas de conversación, permitiendoles fortalecer la capacidad de comprensión tanto para la conversación como para la lectura.

2) Conversación y comprensión oral

Se seleccionan situaciones de comunicación centradas principalmente en conversaciones sobre temas cotidianos y se organizan diálogos modelo. Al trabajar en esos ejercicios, que han sido preparados para estimular el interés y la motivación por el aprendizaje, los estudiantes logran finalmente utilizar la conversación propuesta sin necesidad de depender de la memorización. Los personajes que aparecen en los diálogos de *Minna no Nihongo Shokyu I y II* conversan también en una serie de situaciones.

1. やってみましょう (Intentémoslo)

    Así es como se introduce al diálogo propuesto. Utilizando el japonés que ya conocen, los estudiantes conversan en la situación descrita, siguiendo lo que les indican las preguntas.

2. 聞いてみましょう (Escuchemos)

    Los estudiantes escuchan el "díalogo" del CD, prestando mucha atención a los "puntos de comprensión oral" y a las expresiones de cada lección.

3. もう一度聞きましょう (Escuchemos una vez más)

    Los estudiantes perfeccionan su "diálogo" llenando los espacios en blanco mientras escuchan el CD (la manera de escuchar se realiza de acuerdo al nivel apropiado de comprensión de cada estudiante).

4. 言ってみましょう (Tratemos de decirlo)

    Los estudiantes tratan de repetir el diálogo igual que en el CD, haciendo énfasis en la pronunciación y la entonación del "diálogo".

5. 練習をしましょう (Practiquemos)

    Los estudiantes practican las expresiones y las palabras empleadas en el "diálogo".

6. 会話をしましょう (Conversemos)

    Los estudiantes practican el "diálogo" recreándolo mientras miran las ilustraciones.

7. チャレンジしましょう (Pongámonos a prueba)

    Después de haber comprendido la situación y las relaciones descritas, los estudiantes practican la conversación propuesta en la lección.

3) Lectura y escritura

En「読みましょう」(Leamos) se proporcionan 12 "textos de lectura" diferentes para despertar el interés de los estudiantes y permitirles disfrutar de la lectura.

1. 考えてみましょう (Pensemos)

    Los estudiantes activan los conocimientos relacionados con el tema del "texto de lectura" a fin de prepararse para su lectura.

2. ことばをチェックしましょう (Confirmemos las palabras)

    Muestra las palabras esenciales que se necesitan para comprender el "texto de lectura" (incluyendo nuevo vocabulario). Las palabras cuyo significado sea desconocido se confirman consultando el diccionario, etc.

3. 読みましょう (Leamos)

    El "texto de lectura" de cada lección está acompañado por「読むときのポイント」(Puntos esenciales en el momento de leer), que establece tareas cuyo fin es hacer que los estudiantes practiquen las técnicas y estrategias necesarias para comprender el material. El objetivo es permitirles que obtengan pronto una comprensión más exacta de los puntos esenciales del texto.

El texto se puede leer en silencio o en voz alta, pero éste último método también se considera importante y el CD contiene ejemplos específicos sobre expresiones vocales concretas.

4. 答えましょう (Contestemos)

Los estudiantes hacen este ejercicio para comprobar si han completado correctamente las tareas fijadas en 「読むときのポイント」. De ser necesario, también hay preguntas sobre el contenido detallado de los textos.

5. チャレンジしましょう (Pongámonos a prueba)

El objetivo de este ejercicio es permitir a los estudiantes dar a conocer (hablando o escribiendo) sus propias experiencias o acontecimientos habituales relacionados con el contenido del "texto de lectura".

4) Ejercicios

En "Ejercicios" se incluyen cuestiones de comprensión oral (indicados por el símbolo del CD 🔊 ), gramática y vocabulario. Los ejercicios de comprensión oral están integrados por la contestación de preguntas cortas después de escuchar el CD, así como la comprensión de los puntos esenciales de una conversación corta. Ambos están relacionados con los ítems de aprendizaje aprendidos en la lección y su fin es fortalecer la comprensión oral de los estudiantes. Los ejercicios de gramática confirman que el estudiante ha entendido las nuevas "frases patrón" que se presentaron en cada lección, mientras que los ejercicios de vocabulario tienen la intención de permitir a los alumnos recordar y aplicar, en especial, palabras funcionales.

(2) Ítems de aprendizaje

1) "Conversación y comprensión oral"

① Título del "diálogo"

② Objetivos (estrategia)

③ Ítems gramaticales (frases patrón) presentados en "Conversación y comprensión oral" (42 ítems)

④ ✽: Explicaciones suplementarias (consultar "2. Traducción y Notas Gramaticales" en las Notas Aclaratorias) (9 ítems)

2) "Lectura y escritura"

① Título del "texto de lectura"

② Consejos para la lectura (estrategia)

③ Ítems gramaticales presentados en "Lectura y escritura" (53 ítems)

④ ✽: Explicaciones suplementarias (consultar "2. Traducción y Notas Gramaticales" en las Notas Aclaratorias) (8 ítems)

(3) Escritura y *furigana*

1) Por norma, los *kanji* han sido seleccionados de la lista 「常用漢字表」(la lista de caracteres chinos (*kanji*) de uso común) y su Apéndice.

　① Las 「熟字訓」(palabras compuestas de dos o más *kanji* que tienen una lectura especial) que aparecen en el Apéndice de la lista 「常用漢字表」(la lista de caracteres chinos (*kanji*) de uso común) están escritas en *kanji*:

　　Ejemplos: 友達　amigo　　眼鏡　gafas　　二十歳　20 años de edad　　風邪　gripe

　② Los nombres propios, como los de países, regiones, así como los nombres artísticos, culturales y de miembros de una familia, etc., se escriben con su propio *kanji* y lectura del mismo, incluso si no aparece en la lista 「常用漢字表」.

　　Ejemplos: 厳島神社　santuario Itsukushima　　夏目漱石　Natsume Soseki
　　　　　　　姪　sobrina

2) Hay algunas palabras en *kanji* que se encuentran en la lista 「常用漢字表」, así como en su Apéndice, pero que se escriben en *kana* para simplificar la lectura por parte de los estudiantes.

　　Ejemplos: ある(有る、在る)　tener o estar, existir　　いまさら(今更)　demasiado tarde
　　　　　　　さまざま(様々)　diversos

3) Por norma, los números se muestran en numerales arábigos.

　　Ejemplos: 9時　9 horas　　10月2日　2 de octubre　　90歳　90 años de edad

　No obstante, los *kanji* se emplean en ciertos casos, como los siguientes:

　　Ejemplos: 一人で　por sí solo　　一戸建て　una casa separada　　一日中　todo el día

4) Las lecturas de todos los *kanji* que aparecen en el Texto Principal de *Minna no Nihongo Chukyu I* se indican con *furigana*.

(4) Índices

1) Nuevo vocabulario (aproximadamente 910 palabras)
2) Expresiones de conversación (aproximadamente 50)
3) *Kanji* (315 de los *kanji* de la lista de caracteres chinos de uso común que aparecen en los "textos de lectura" de las 12 lecciones; se omiten los *kanji* del nivel elemental)

(5) Respuestas

1) Respuestas

　① "Gramática y práctica", "Conversación y comprensión oral" y "Lectura y escritura"
　② "Ejercicios" (incluyendo las anotaciones de los ejercicios de comprensión oral)
　　(En los ejercicios, algunas preguntas tienen más de una respuesta posible, dependiendo de la experiencia del estudiante. Las respuestas se dan aquí solamente como ejemplos.)

2) Anotaciones de los diálogos de "Conversación y comprensión oral"
3) Contenido del CD

(6) CD

El CD contiene grabaciones de ① "Diálogos" de "Conversación y comprensión oral", ② Textos y "Textos de lectura" de "Lectura y escritura" y ③ las partes de "Comprensión oral" de "Ejercicios". Los estudiantes no solo aprenden la pronunciación palabra por palabra mientras prestan atención a la acentuación y la entonación, sino que también pueden aprovechar los "Diálogos" y ejercicios para acostumbrarse al japonés que se habla a velocidad normal, así como a desarrollar su capacidad para comprender los puntos esenciales en el hilo de una conversación y a responder las preguntas sobre ella.

Del mismo modo, cuando los alumnos escuchan los textos de "Lectura y escritura", pueden disfrutar escuchando la riqueza de las expresiones japonesas, que varían según el género de la oración. Deben prestar atención a la manera en que se leen las diversas partes del texto y a los cambios de ritmo y tono, así como a otros aspectos. Mediante la confirmación en el CD, los estudiantes pueden organizar sus ideas y desarrollar la base de la capacidad general para aplicar sus conocimientos al hablar y al escribir.

## 2. *Traducción y Notas Gramaticales* (*versiones disponibles en diferentes idiomas*) (se vende por separado)

Abarcan las lecciones 1 a 12 y están compuestas por lo siguiente:

(1) Nuevo vocabulario y su traducción

Se ofrecen nuevas palabras, expresiones de conversación y nombres propios en el orden en que aparecen en cada lección.

(2) Notas gramaticales

1) Ítems gramaticales

Los ítems gramaticales (frases patrón) de cada lección han sido recopilados a partir de los planes de estudio de gramática que se consideran necesarios para los estudiantes de nivel intermedio.

2) Notas Gramaticales [versiones disponibles en diferentes idiomas]

La explicación gramatical se mantiene en el mínimo nivel necesario para los estudiantes. Se emplean oraciones modelo para aclarar el significado y la función, así como indicar cuándo y en qué situación se pueden utilizar.

3) Conjunciones y códigos

En el *Texto Principal* hemos considerado la manera de hacer que las conjunciones sean fáciles de comprender a través de la presentación de los ítems gramaticales en forma de frases patrón y a través de oraciones modelo en vez de utilizarse la terminología gramatical.

En "Notas Gramaticales (versiones disponibles en diferentes idiomas)" se muestran las formas de todas las conjunciones con el fin de que los estudiantes puedan confirmarlas por sí mismos. También se emplea terminología gramatical cuando es necesaria.

4) Referencias y notas suplementarias

Una segunda lengua se aprende no solo construyéndola de manera secuencial desde la etapa de introducción, sino también trabajando en forma espiral (combinando la nueva gramática con la que ya se ha estudiado, a fin de permitir que se repita y se reafirme el material previamente aprendido). Las "Referencias" muestran los ítems presentados en *Minna no Nihongo Shokyu*, así como otros puntos que relacionados. Asimismo, pese a que no aparecen en las secciones de "Gramática y práctica" del Texto Principal, consideramos que es útil que los estudiantes conozcan los ítems suplementarias (✽: en los "Ítems de aprendizaje" de la parte final del Texto Principal).

# A los Estudiantes

Estas notas explican los puntos que los estudiantes deben tener en cuenta con el fin de utilizar de manera más eficiente el *Minna no Nihongo Chukyu I - Texto Principal* (con CD) y *Minna no Nihongo Chukyu I - Traducción y Notas Gramaticales* (*versiones disponibles en diferentes idiomas*), que se vende por separado.

## I. *Minna no Ninohgo Chukyu I – Texto Principal* (con CD)

### 1. Gramática y práctica

En cada "ítem gramatical" empiece observando las frases de ejemplo para confirmar en qué circunstancias y situaciones se pueden utilizar las frases patrón y expresiones correspondientes. Compárelas también con las frases patrón de nivel elemental que se pueden utilizar para expresar cosas similares. A continuación, confirme las conjunciones, haga los ejercicios, tratando de utilizar en "Conversación y comprensión oral", así como en "Lectura y escritura" lo que ha aprendido.

### 2. Conversación y comprensión oral (diálogo)

Primero, trate de crear una conversación en el ejercicio「やってみましょう」(Intentémoslo) en la que utilice el japonés que ya conoce. A continuación, en el ejercicio「聞いてみましょう」(Escuchemos) escuche el diálogo del CD, poniendo mucha atención a las palabras. Después, en el ejercicio「もう一度聞きましょう」(Escuchemos una vez más), anote en ＿＿＿ (espacios subrayados) las palabras y expresiones que está escuchando en el CD. Y en el ejercicio「言ってみましょう」(Tratemos de decirlo) practique el diálogo en voz alta junto con el CD mientras pone atención a su pronunciación y a su entonación. Asimismo, en el ejercicio「練習をしましょう」(Practiquemos) practique las expresiones que se usan en el diálogo. Por último, en el ejercicio「会話をしましょう」(Conversemos) prepare una conversación mirando las imágenes.

Si practica de esta forma, podrá llegar a entablar una conversación natural, sin tener que memorizarla por la fuerza, ampliando su capacidad hasta hacer fácilmente el ejercicio「チャレンジしましょう」(Pongámonos a prueba).

Los textos de los diálogos se pueden encontrar en la sección「解答」(Respuestas) al final del libro.

### 3. Lectura y escritura (textos de lectura)

Prepárese antes de leer el texto. Haga el ejercicio「考えてみましょう」(Pensemos), pensando en el tema del texto y hablando sobre él con sus compañeros y profesores. Después, haga el ejercicio「ことばをチェックしましょう」(Confirmemos las palabras), revisando las palabras que aparecen en el texto. Cuando no comprenda algo, consulte el diccionario y la lista de nuevo vocabulario de *Minna no Nihongo Chukyu I - Traducción y Notas Gramaticales* (*versiones disponibles en diferentes idiomas*).

Después, lea el texto en el ejercicio 「読みましょう」 (Leamos). Siga las instrucciones de 「読むときのポイント」 (Puntos esenciales en el momento de leer), ya que éstos serán necesarios para comprender el contenido del texto.

Por último, haga el ejercicio 「答えましょう」 (Contestemos) para confirmar hasta qué nivel ha comprendido el texto. También haga el ejercicio 「チャレンジしましょう」 (Pongámonos a prueba) para ultimar los detalles relacionados con la comprensión de la lectura (práctica), presentando lo que usted sabe o ha experimentado con respecto al tema del texto, haciendo una composición, etc.

Al final del libro hay un "Índice de *kanji*" en donde puede consultar los 315 *kanji* 「常用漢字」 (caracteres chinos de uso común) que se utilizan en este texto (no se incluyen los *kanji* del nivel elemental) por su orden de aparición. Este será un recurso útil para aprender a leer y escribir *kanji*, así como para estudiar sus significados y usos.

**4. Ejercicios (repaso)**

Resuelva estos ejercicios para asegurarse de que ha comprendido cabalmente el significado y el uso de los ítems gramaticales, así como el nuevo vocabulario de la lección que está estudiando. Las "Respuestas" están al final del libro.

**5. CD ( 🔊 : Símbolo de CD)**

El CD contiene grabaciones de ① los Diálogos de Conversación y comprensión oral, ② los Textos de lectura de Lectura y escritura y ③ las partes de Comprensión oral de los Ejercicios.

- 🔊 Diálogos: La velocidad de los diálogos aumenta gradualmente a medida que avanzan las lecciones. Utilícelos para acostumbrarse al japonés que se habla a velocidad normal y practique la comprensión oral de los puntos esenciales de las conversaciones.
- 🔊 Textos de lectura: Al escuchar el CD, preste atención al ritmo y al tono, así como a la forma en que se debe leer cada parte del texto.
- 🔊 Ejercicios: Confirme su comprensión oral haciendo estos ejercicios, que presentan diferentes aplicaciones de lo que usted ha aprendido en la lección.

## II. *Minna no Nihongo Chukyu I - Traducción y Notas Gramaticales (versiones disponibles en diferentes idiomas)* **(se vende por separado)**

Traducción y Notas Gramaticales está integrado por Nuevo vocabulario y Notas gramaticales.

**1. Nuevo vocabulario**

Se ofrecen el nuevo vocabulario, las expresiones de conversación y los nombres propios en el orden en que aparecen en cada una de las lecciones. Después de confirmar cómo se usan en el texto principal los aproximadamente 1.000 términos del nuevo vocabulario y las expresiones de conversación, le recomendamos "practicarlos" una y otra vez junto con los aproximadamente 2.000 términos aprendidos en el nivel elemental, desarrollando su capacidad para usarlos y aplicarlos.

2. **Notas gramaticales**

Explican la gramática de aproximadamente 100 ítems gramaticales (frases patrón) que aparecen en las secciones "Conversación y comprensión oral" (diálogos) y "Lectura y escritura" (textos de lectura) de cada lección. Mejore su capacidad para utilizar los ítems gramaticales (frases patrón) mediante el estudio de su significado y sus funciones, y perfeccione su comprensión de ellos en situaciones de conversación real o en el contexto de los textos de lectura.

El libro *Minna no Nihongo Chukyu I* ha sido elaborado para ayudar a los estudiantes a conseguir una transición más sencilla entre el nivel elemental y el nivel intermedio del idioma. Las cuatro funciones (conversación, comprensión oral, lectura y escritura) de palabras y expresiones se presentan de una manera equilibrada y divertida de aprender. Esperamos contribuir así a que los estudiantes desarrollen capacidades en el idioma japonés en el nivel intermedio preliminar y que este libro se convierta en un punto de partida para proseguir al siguiente paso (que consiste en alcanzar un nivel intermedio posterior y un nivel avanzado).

# Términos Utilizados en el Aprendizaje

| | | 課 | | | 課 |
|---|---|---|---|---|---|
| 依頼 | solicitud | 7 | 動作の列挙 | enumeración de acciones | 12 |
| 引用 | cita | 6 | 判断 | determinación | 1 |
| 確認 | pedir la confirmación | 5 | 比較 | comparación | 9 |
| 過去の意志 | intención en tiempo pasado | 6 | 否定の意志 | intención en forma negativa | 6 |
| 勧誘 | invitación | 10 | 比喩 | semejanza | 1 |
| 義務 | obligación | 6 | 文脈指示 | pronombre demostrativo contextual | 5 |
| 経験 | experiencia | 11 | | | |
| 継続 | acción continuada | 11 | 変化 | cambio | 11 |
| 経歴 | antecedentes | 11 | 理由 | razón | 1 |
| 結果 | resultado | 1 | 例示 | ejemplo | 1 |
| 結果の状態 | situación resultante | 11 | | | |
| 原因 | causa | 8 | 移動動詞 | verbo que indica movimiento | 5 |
| 限定 | límite | 6 | | | |
| 根拠 | justificación | 1 | 感情動詞 | verbo que indica emoción | 7 |
| 指示 | instrucción | 7 | | | |
| 事態の出現 | aparición de una circunstancia | 6 | 状態動詞 | verbo que indica una situación | 9 |
| 習慣 | hábito | 11 | | | |
| 手段 | método | 11 | 複合動詞 | verbo compuesto | 10 |
| 状況からの判断 | juicio a partir de una situación | 1 | 疑問詞 | interrogativo | 5 |
| | | | 固有名詞 | nombre propio | 1 |
| 条件 | condicional | 9 | 格助詞 | partícula indicadora de caso | 4 |
| 推量 | conjetura | 5 | | | |
| 提案 | sugerencia | 11 | 終助詞 | partícula de final de oración | 7 |
| 丁寧な依頼表現 | expresión de petición cortés | 1 | | | |
| | | | 助数詞 | numerativo | 1 |
| 伝聞 | rumores | 4 | | | |
| | | | 受身 | pasivo | 7 |

| | | 課 |
|---|---|---|
| 間接受身（かんせつうけみ） | pasivo indirecto | 12 |
| 使役受身（しえきうけみ） | causativo-pasivo | 4 |
| 意向形（いこうけい） | forma volitiva | 5 |
| 中止形（ちゅうしけい） | forma discontinua | 4 |
| である体（たい） | estilo である | 4 |
| 丁寧形（ていねいけい） | forma de cortesía | 4 |
| 普通形（ふつうけい） | forma sencilla | 1 |
| 会話（かいわ） | conversación | 5 |
| 文章（ぶんしょう） | escrito | 5 |
| 仮定（かてい） | hipótesis | 2 |
| 使役（しえき） | causativo | 4 |
| 感情使役（かんじょうしえき） | causativo emocional | 7 |
| 完了（かんりょう） | perfectivo | 2 |
| 逆接（ぎゃくせつ） | conjunción adversativa | 1 |
| 反事実的用法（はんじじつてきようほう） | uso en situación hipotética | 9 |
| 付帯状況（ふたいじょうきょう） | circunstancias concomitantes | 11 |
| 並列（へいれつ） | parataxis | 11 |
| 名詞修飾（めいししゅうしょく） | modificador de sustantivo | 8 |
| 語幹（ごかん） | raíz | 12 |
| 主題（しゅだい） | tema | 6 |
| 節（せつ） | oración | 5 |
| 尊敬語（そんけいご） | respetuoso | 9 |
| 同格（どうかく） | aposición | 4 |

# Abreviaciones de los Términos Gramaticales

| | |
|---|---|
| S | Sustantivo（名詞) |
| A | Adjetivo（形容詞） |
| Aい | Adjetivo い（い形容詞） |
| Aな | Adjetivo な（な形容詞） |
| V | Verbo（動詞） |
| Vi. | Verbo intransitivo（自動詞） |
| Vt. | Verbo transitivo（他動詞） |
| Forma V ます | Forma verbal ます（動詞ます形） |
| Forma V dicc | Forma verbal de diccionario（動詞辞書形） |
| Forma V ない | Forma verbal ない（動詞ない形） |
| Forma V た | Forma verbal た（動詞た形） |
| Forma V て | Forma verbal て（動詞て形） |
| O | Oración（文） |

# Personajes

**マイク・ミラー／Mike Miller**
Estadounidense, empleado de IMC

**松本 正／Matsumoto, Tadashi**
Japonés, gerente de departamento de IMC (Osaka)

**佐藤 けい子／Satō, Keiko**
Japonesa, empleada de IMC (Osaka)

**中村 秋子／Nakamura, Akiko**
Japonesa, jefa de la sección de ventas de IMC

**山田 一郎／Yamada, Ichirō**
Japonés, empleado de IMC (Osaka)

**山田 友子／Yamada, Tomoko**
Japonesa, empleada de banco

**ジョン・ワット／John Watt**
Británico, profesor de la Universidad Sakura

**太郎／Tarō**
Japonés, alumno de escuela primaria (8 años), hijo de Ichiro y Tomoko Yamada

**タワポン／Thawaphon**
Tailandés, estudiante de la Universidad Sakura

**森／Mori**
Japonés, profesor de la Universidad Sakura

**イー・ジンジュ／Lee Jin Ju**
Coreana, investigadora de AKC

**広田／Hirota**
Japonés, estudiante de la Universidad Sakura

**佐野／Sano**
Japonesa, ama de casa

**野村／Nomura**
Japonesa, ama de casa

**ホセ・サントス / José Santos**
Brasileño,
empleado de Brazil Air

**マリア・サントス / María Santos**
Brasileña,
ama de casa

**カリナ / Karina**
Indonesia, estudiante de la
Universidad Fuji

**テレサ / Teresa**
Brasileña, alumna de escuela primaria
(9 años), hija de José y María Santos

**池田 / Ikeda**
Japonés, empleado de Brazil Air

**カール・シュミット / Karl Schmidt**
Alemán, ingeniero de
Power Electric Company

**クララ・シュミット / Klara Schmidt**
Alemana,
maestra de alemán

**ワン・シュエ / Wang, Xue**
Chino, médico del
Hospital Kobe

**ハンス / Hans**
Alemán, alumno de escuela primaria
(12 años), hijo de Karl y Klara Schmidt

**リンリン / Lin Lin**
China,
sobrina de Wang Xue

**渡辺 あけみ / Watanabe, Akemi**
Japonesa, empleada de
Power Electric Company

* IMC（empresa ficticia de software de computadora）
* AKC（アジア研究センター：instituto ficticio de investigaciones de Asia）

# Contenido

**Prefacio**

**Notas Aclaratorias**

**A los Estudiantes**

**Términos Utilizados en el Aprendizaje**

**Abreviaciones de los Términos Gramaticales**

**Personajes**

## Parte 1  Nuevo Vocabulario

**Lección 1** ............................................................................................................ 2

**Lección 2** ............................................................................................................ 6

**Lección 3** ............................................................................................................ 9

**Lección 4** ............................................................................................................ 12

**Lección 5** ............................................................................................................ 16

**Lección 6** ............................................................................................................ 19

**Lección 7** ............................................................................................................ 23

**Lección 8** ............................................................................................................ 26

**Lección 9** ............................................................................................................ 29

**Lección 10** .......................................................................................................... 33

**Lección 11** .......................................................................................................... 37

**Lección 12** .......................................................................................................... 42

# Parte 2  Notas Gramaticales

## Lección 1 ......................................................................................................... 46

1. ～てもらえませんか・～ていただけませんか
   ～てもらえないでしょうか・～ていただけないでしょうか
2. ～のようだ・～のような～・～のように…
3. ～ことは／が／を
4. ～を～と言う
5. ～という～
6. いつ／どこ／何／だれ／どんなに～ても

**話す・聞く**

　　～じゃなくて、～

**読む・書く**

　　…のだ・…のではない
　　何人も、何回も、何枚も…

## Lección 2 ......................................................................................................... 51

1. (1) (2) ～たら、～た
2. ～というのは～のことだ・～というのは…ということだ
3. …という～
4. …ように言う／注意する／伝える／頼む
5. ～みたいだ・～みたいな～・～みたいに…

**話す・聞く**

　　～ところ

## Lección 3 ......................................................................................................... 54

1. ～（さ）せてもらえませんか・～（さ）せていただけませんか
   ～（さ）せてもらえないでしょうか・～（さ）せていただけないでしょうか
2. (1) …ことにする
   (2) …ことにしている
3. (1) …ことになる
   (2) …ことになっている
4. ～てほしい・～ないでほしい
5. (1) ～そうな～・～そうに…

  (2) 〜なさそう
  (3) 〜そうもない

**話す・聞く**

 〜たあと、…

## Lección 4 ................................................................................. 59

1. …ということだ
2. …の・…の？
3. 〜ちゃう・〜とく・〜てる
4. 〜（さ）せられる・〜される
5. 〜である
6. 〜ます、〜ます、…・〜くモ、〜くモ、…
7. (1) 〜（た）がる
  (2) 〜（た）がっている
8. …こと・…ということ

**話す・聞く**

 〜の〜

 〜ましたら、…・〜まして、…

## Lección 5 ................................................................................. 65

1. (1) あ〜・そ〜
  (2) そ〜
2. …んじゃない？
3. 〜たところに／で
4. (1) (2) 〜（よ）うとする／しない
5. …のだろうか
6. 〜との／での／からの／までの／への〜
7. …だろう・…だろうと思う

**話す・聞く**

 …から、〜てください

**読む・書く**

 が／の

## Lección 6 ......................................................................................... 71

1．(1) …て…・…って…
　　(2) 〜って…
2．(1) 〜つもりはない
　　(2) 〜つもりだった
　　(3) 〜たつもり・〜ているつもり
3．〜てばかりいる・〜ばかり〜ている
4．…とか…
5．〜てくる
6．〜てくる・〜ていく

**読む・書く**
　こ〜

## Lección 7 ......................................................................................... 76

1．(1) 〜なくてはならない／いけない・〜なくてもかまわない
　　(2) 〜なくちゃ／〜なきゃ［いけない］
2．…だけだ・［ただ］…だけでいい
3．…かな
4．(1) 〜なんか…
　　(2) …なんて…
5．(1) 〜（さ）せる
　　(2) 〜（さ）せられる・〜される
6．…なら、…

**読む・書く**
　〜てくれ

## Lección 8 ......................................................................................... 82

1．(1)(2) 〜あいだ、…・〜あいだに、…
2．(1)(2) 〜まで、…・〜までに、…
3．〜た〜
4．〜によって…
5．〜たまま、…・〜のまま、…
6．…からだ

**話す・聞く**
　髪／目／形 をしている

## Lección 9 ································································································· 86

1．お〜ますです
2．〜てもかまわない
3．…ほど〜ない・…ほどではない
4．〜ほど〜はない／いない
5．…ため［に］、…・…ためだ
6．〜たら／〜ば、…た

## Lección 10 ································································································ 90

1．(1) …はずだ
　　(2) …はずが／はない
　　(3) …はずだった
2．…ことが／もある
3．〜た結果、…・〜の結果、…
4．(1) 〜出す
　　(2) 〜始める・〜終わる・〜続ける
　　(3) 〜忘れる・〜合う・〜換える

**読む・書く**
　…ということになる

## Lección 11 ································································································ 95

1．〜てくる・〜ていく
2．〜たら［どう］？
3．…より…ほうが…
4．〜らしい
5．…らしい
6．〜として
7．(1) 〜ず［に］…
　　(2) 〜ず、…
8．〜ている

**話す・聞く**

～なんかどう？

## Lección 12 ································································· 101

1．…もの／もんだから
2．(1) ～(ら)れる
　　(2) ～(ら)れる
3．～たり～たり
4．～っぱなし
5．(1) …おかげで、… ・ …おかげだ
　　(2) …せいで、… ・ …せいだ

**話す・聞く**

…みたいです

**読む・書く**

どちらかと言えば、～ほうだ
～ます／ませんように

**Ítems del aprendizaje** ································································· 108

# Parte 1
# Nuevo Vocabulario

# Lección 1

| | | |
|---|---|---|
| どのように | | cómo |
| 迷う［道に～］ | まよう［みちに～］ | perderse [～ en la calle] |
| 先輩 | せんぱい | superior (estudiante, colega, etc.) |
| まるで | | como si fuera |
| 明るい［性格が～］ | あかるい［せいかくが～］ | alegre [carácter ～] |
| 父親 | ちちおや | padre (cf. 母親(ははおや)：madre) |
| 湖 | みずうみ | lago |
| 目指す | めざす | intentar, tener en la mira |
| 命 | いのち | vida |
| おせち料理 | おせちりょうり | comida tradicional japonesa de Año Nuevo |
| 初詣で | はつもうで | práctica tradicional de visitar un santuario o templo durante el Año Nuevo para orar por la felicidad |
| 畳 | たたみ | estera *tatami* (estera gruesa de paja de arroz cubierta con un tejido de juncos que se usa como piso en las habitaciones tradicionales japonesas) |
| 座布団 | ざぶとん | cojín cuadrado para sentarse en el suelo |
| 床 | ゆか | suelo |
| 正座 | せいざ | posición formal de sentarse sobre los talones |
| おじぎ | | reverencia (saludo) |
| 作家 | さっか | escritor |
| ～中［留守～］ | ～ちゅう［るす～］ | mientras ～ [～ no estaba] |
| いっぱい | | lleno, abarrotado |
| どんなに | | por mucho (más) que |
| 立派［な］ | りっぱ［な］ | maravilloso, grandioso |
| 欠点 | けってん | defecto, punto débil |
| ～過ぎ | ～すぎ | más de ～, después |
| 似合う | にあう | quedar bien, verse bien con |

| | | |
|---|---|---|
| それで | | así que, por consiguiente |
| お礼 | おれい | agradecimiento, gratitud |
| ポイント | | puntos clave |
| 内容 | ないよう | contenido |
| 聞き取る | ききとる | comprender oralmente |
| 表現 | ひょうげん | expresión |
| 迷う[AかBか〜] | まよう | estar indeciso [〜 entre A y B] |
| 部分 | ぶぶん | parte |
| 市民 | しみん | ciudadano |
| 会館 | かいかん | salón de sesiones |
| 市民会館 | しみんかいかん | casa (salón) municipal, centro comunitario |
| 伝統的[な] | でんとうてき[な] | tradicional |
| 実際に | じっさいに | de hecho |
| そういう | | tal (que indica algo mencionado antes) |
| ふだん | | comúnmente, habitualmente |
| 何とか | なんとか | de una manera u otra, de un (algún) modo o de otro |
| イントネーション | | entonación |
| 奨学金 | しょうがくきん | beca |
| 推薦状 | すいせんじょう | carta de recomendación |
| 交流 | こうりゅう | intercambio (cf. 交流パーティー：fiesta de intercambio) |
| 司会 | しかい | presidente (de una reunión o acontecimiento social) |
| 目上 | めうえ | superior, mayor |
| 断る | ことわる | rechazar |
| 引き受ける | ひきうける | aceptar |
| 印象 | いんしょう | impresión |
| チェックする | | confirmar |
| [お]住まい | [お]すまい | residencia |
| たたむ | | plegar |
| 重ねる | かさねる | encimar, apilar |
| 板張り | いたばり | revestimiento de madera (de piso, techo, etc.) |
| 素足 | すあし | sin calcetines |

| 使い分ける | つかいわける | usar de acuerdo a la situación |
| 良さ | よさ | mérito, punto a favor |
| 読み取る | よみとる | comprender mediante la lectura |
| 旅行者 | りょこうしゃ | turista, viajero |
| 〜者 | 〜しゃ | persona 〜 (que hace algo) |
| 最も | もっとも | lo más |
| 非常に | ひじょうに | extremadamente, inmensamente |
| それほど | | hasta ese punto, tanto |
| 代表する | だいひょうする | representar |
| 全体 | ぜんたい | integral, entero |
| 敷く | しく | colocar, tender (una estera tatami, un futón, un cojín de piso) |
| ちょうど | | justo, exacto |
| 何枚も | なんまいも | muchos (objetos planos) |
| つける［名前を〜］ | ［なまえを〜］ | poner [〜 un nombre] |
| やまとことば | | palabra de origen genuinamente japonés |
| 動かす | うごかす | mover |
| 組み合わせる | くみあわせる | combinar, unir |
| 客間 | きゃくま | cuarto de huéspedes |
| 居間 | いま | sala de estar |
| 仕事部屋 | しごとべや | cuarto de trabajo, estudio |
| ワラ | | paja |
| イグサ | | junco |
| 呼吸する | こきゅうする | respirar |
| 湿気 | しっけ | humedad |
| 取る［湿気を〜］ | とる［しっけを〜］ | retirar [〜 la humedad] |
| 快適［な］ | かいてき［な］ | cómodo, agradable |
| 清潔［な］ | せいけつ［な］ | aseado, limpio |
| 本文 | ほんぶん | texto |
| 一戸建て | いっこだて | casa independiente |
| 小学生 | しょうがくせい | alumno de escuela primaria |

| | | |
|---|---|---|
| 日常生活 | にちじょうせいかつ | vida cotidiana |

あのう、〜ていただけないでしょうか。　　Disculpe... no sé si podría...

> Al pedir un favor difícil de solicitar, se empieza la frase con 「あのう」 [Disculpe...], que indica hesitación.

何とかお願いできないでしょうか。　　¿No habría forma de que accediera a mi petición?

> Pone de manifiesto la intención de conseguir un favor, a pesar de saber que la petición es irrazonable.

うちでよければどうぞ。　　Si nuestra casa le parece bien, adelante.
お役に立ててよかったです。　　Me alegro de haber sido útil.
お預かりします。　　Nos haremos cargo de ello.

---

| | |
|---|---|
| 村上春樹 | Haruki Murakami：Novelista y traductor (1949-) |
| 『ノルウェイの森』 | Tokio blues：Una de las obras más conocidas de Haruki Murakami (traducida a muchos idiomas) |
| 南太平洋 | Pacífico Sur |
| トンガ王国 | Reino de Tonga |
| バオバブ | Baobab：Árbol originario de África |
| マダガスカル | Madagascar |
| タタミゼ | Tatamiser：En Francia, esta palabra se refiere a una persona que ha adoptado el estilo de vida y la cultura de Japón. |

# Lección 2

| | | |
|---|---|---|
| ふく [ガラスを〜] | | pasar un trapo [ 〜 por el vidrio] |
| 結果 | けっか | resultado |
| 外来語 | がいらいご | palabra prestada de otro idioma |
| 守る [地球を〜] | まもる [ちきゅうを〜] | proteger [ 〜 la Tierra] |
| ソフトウェア | | software |
| メール | | correo electrónico |
| 郵便 | ゆうびん | correos |
| Eメール | イーメール | correo electrónico |
| 栄養 | えいよう | nutrición |
| カロリー | | caloría |
| エコ | | ecológico, preocupación por el medio ambiente |
| 環境 | かんきょう | medio ambiente |
| アポ | | cita |
| 省エネ | しょうエネ | ahorrar energía, reduzir el consumo de energía |
| 学習する | がくしゅうする | aprender |
| 記事 | きじ | reportaje |
| 分ける [ごみを〜] | わける | separar [ 〜 la basura] |
| うわさ | | rumor |
| 辺り | あたり | área |
| アドバイス | | consejo |
| 事件 | じけん | incidente |
| 奪う | うばう | arrancar |
| 干す | ほす | colgar a secar |
| 以外 | いがい | aparte de, excepto |
| つく [うそを〜] | | decir [ 〜 una mentira] |
| ロボット | | robot |
| 本物 | ほんもの | de verdad, verdadero |
| 飛ぶ [空を〜] | とぶ [そらを〜] | volar [ 〜 por el cielo] |

| | | |
|---|---|---|
| オレンジ | | naranja |
| パジャマ | | pijama |
| 四角い | しかくい | cuadrado |
| 腕 | うで | brazo |
| つける［腕に～］ | ［うでに～］ | colocar [～ en el brazo] |
| ふるさと | | ciudad natal |
| 話しかける | はなしかける | dirigirse, hablar con |
| 不在連絡票 | ふざいれんらくひょう | aviso de intento de entrega |
| ～宅 | ～たく | casa de ～, residencia de ～ |
| 工事 | こうじ | obra |
| 休日 | きゅうじつ | día de asueto, día de descanso |
| 断水 | だんすい | corte del suministro de agua |
| リモコン | | control remoto, mando a distancia |
| ロボコン | | concurso de robótica |
| 苦手［な］ | にがて［な］ | ser poco ducho en |
| 紛らわしい | まぎらわしい | confuso |
| 正確［な］ | せいかく［な］ | exacto |
| バランス | | balance, equilibrio |
| 引く［線を～］ | ひく［せんを～］ | trazar [～ una línea] |
| 筆者 | ひっしゃ | escritor, autor |
| いまだに | | aún ahora |
| とんでもない | | ¡nada de eso! |
| 宇宙人 | うちゅうじん | extraterrestre |
| 全く | まったく | completamente |
| 別の | べつの | otro, diferente |
| ～自身 | ～じしん | por sí mismo |
| 友人 | ゆうじん | amistad |
| また | | además, asimismo |
| ライス | | arroz |
| アドレス | | dirección, dirección de correo electrónico |
| メールアドレス | | dirección de correo electrónico |
| プレゼン | | presentación |

| | | |
|---|---|---|
| アイデンティティ | | identidad |
| コンプライアンス | | conformidad |
| 例えば | たとえば | por ejemplo |
| ポリシー | | política, principios |
| 場合 | ばあい | caso, situación |
| ％ | パーセント | por ciento |
| 普通に | ふつうに | generalmente, usualmente |
| いまさら | | a estas alturas |
| 必要 | ひつよう | necesidad |
| なくてはならない | | indispensable |
| 取る　[バランスを〜] | とる | lograr [〜 el equilibrio] |
| 文章 | ぶんしょう | ensayo, oración |
| 比べる | くらべる | comparar |

お忙（いそが）しいところ、……。　　Siento interrumpirle...
> Para dirigirse a alguien, teniendo en cuenta su situación.

それで……。　　Y qué más...
> Para escuchar lo que alguien dice y pedirle que continúe haciéndolo.

僕自身（ぼくじしん）もそうだけど、……。　　Yo también, pero...
何（なに）が何（なん）だかわからない。　　No sé de qué se trata.

# Lección 3

| | | |
|---|---|---|
| インタビューする | | entrevistar |
| 担当する | たんとうする | encargarse de, ser responsable de |
| アルバイト先 | アルバイトさき | lugar donde se trabaja a tiempo parcial |
| 〜先 | 〜さき | lugar de 〜 |
| 店長 | てんちょう | gerente |
| 研修 | けんしゅう | formación, entrenamiento |
| 話し合う | はなしあう | discutir, cambiar opiniones |
| 通勤する | つうきんする | ir a la oficina, desplazarse diariamente al trabajo |
| これまで | | hasta ahora |
| 減らす | へらす | reducir |
| 引っ越す | ひっこす | mudarse |
| 〜か国 | 〜かこく | (número de) países |
| 家庭 | かてい | hogar, familia |
| 事情 | じじょう | circunstancias, razones |
| 幼稚園 | ようちえん | jardín de infancia |
| 昼寝する | ひるねする | tomar la siesta |
| 帰国する | きこくする | volver al país natal |
| 来社 | らいしゃ | venir alguien a la empresa |
| 新製品 | しんせいひん | producto nuevo |
| 新〜 | しん〜 | novedoso, reciente |
| 発表会 | はっぴょうかい | presentación |
| いつまでも | | por siempre, indefinidamente |
| 景気 | けいき | economía, situación económica |
| これ以上 | これいじょう | más que esto, más |
| 森 | もり | bosque |
| 受ける　[インタビューを〜] | うける | acceder [〜 a una entrevista] |
| 要望 | ようぼう | deseo, petición |
| 本当は | ほんとうは | en realidad |

| | | |
|---|---|---|
| おとなしい | | dócil, pacífico |
| 声［市民の〜］ | こえ［しみんの〜］ | voz [la 〜 del pueblo] |
| しゃべる | | hablar |
| 振る［彼女を〜］ | ふる［かのじょを〜］ | rechazar [〜 a la novia] |
| Tシャツ | ティーシャツ | camiseta |
| 数 | かず | número, cantidad |
| 切る［電話を〜］ | きる［でんわを〜］ | colgar [〜 el teléfono] |
| 秘書 | ひしょ | secretaria |
| 教授 | きょうじゅ | profesor |
| わざわざ | | tomarse la molestia, especialmente |
| 取る［時間を〜］ | とる［じかんを〜］ | reservar [〜 tiempo] |
| できれば | | de ser posible |
| 変更する | へんこうする | cambiar |
| 急用 | きゅうよう | asunto urgente |
| 気にする | きにする | tomárselo a pecho, preocuparse |
| 取引先 | とりひきさき | cliente |
| 学生用 | がくせいよう | para estudiante |
| 〜用［学生〜］ | 〜よう［がくせい〜］ | para uso [〜 por parte de estudiantes] |
| コンピューター室 | コンピューターしつ | sala de computadoras |
| 〜室 | 〜しつ | sala de 〜 |
| 渋滞 | じゅうたい | congestionamiento |
| 瞬間 | しゅんかん | instante, momento |
| 意識 | いしき | conciencia, sentido |
| アンケート | | encuesta |
| 調査 | ちょうさ | investigación, sondeo |
| 傾向 | けいこう | tendencia |
| 避ける | さける | evitar |
| 悲観的［な］ | ひかんてき［な］ | pesimista |
| グラフ | | gráfica |
| 時 | とき | tiempo |
| 最高に | さいこうに | lo mejor, lo más |
| もう一つ | もうひとつ | otro, uno más |

| | | |
|---|---|---|
| あいだ | | mientras |
| 前者 | ぜんしゃ | el primero, el anterior |
| 後者 | こうしゃ | el segundo, este último |
| やはり | | como se ha previsto |
| 恋 | こい | amor |
| 幸せ | しあわせ | felicidad |
| 感じる | かんじる | sentir |
| 寝坊する | ねぼうする | quedarse dormido |
| 危険 | きけん | peligro |
| 寝顔 | ねがお | rostro de una persona que duerme |

| | |
|---|---|
| お電話、代わりました。 | Bueno (aló), [nombre] al habla. |
| どうかしましたか。 | ¿Ocurrió algo? |
| わざわざ〜ていただいたのに、……。 | Después de haber pasado por tantos inconvenientes... |

> Se usa para comunicar a alguien que uno lamenta haber hecho que su amabilidad fuera en vano.

| | |
|---|---|
| 困りましたね。 | Que situación difícil, ¿no es así? |
| できれば、〜ていただけないでしょうか。 | De ser posible, quisiera que... |

> Para comunicar de manera reservada un deseo.

| | |
|---|---|
| おいでください。 | Venga por favor. |
| 申し訳ありませんでした。 | Le pido mil disculpas. |

---

東北 (とうほく)　Región de Tohoku：Región nordeste de Japón (integrada por las prefecturas de Aomori, Iwate, Akita, Yamagata, Miyagi y Fukushima)

# Lección 4

| | | |
|---|---|---|
| 検査する | けんさする | examinar, analizar |
| 明日 | あす | mañana |
| 能力 | のうりょく | capacidad |
| バザー | | bazar |
| マスク | | mascarilla, cubrebocas |
| スーツケース | | maleta |
| 目が覚める | めがさめる | despertar |
| 朝礼 | ちょうれい | reunión matinal |
| 校歌 | こうか | himno escolar |
| 敬語 | けいご | lenguaje honorífico |
| 感想文 | かんそうぶん | descripción escrita sobre las impresiones |
| 運動場 | うんどうじょう | campo deportivo |
| いたずら | | travesura |
| 美しい | うつくしい | hermoso |
| 世紀 | せいき | siglo |
| 平和［な］ | へいわ［な］ | pacífico |
| 人々 | ひとびと | gente |
| 願う | ねがう | desear, pedir, esperar |
| 文 | ぶん | oración, estilo |
| 書き換える | かきかえる | reescribir, actualizar |
| 合わせる | あわせる | combinar |
| もともと | | originalmente |
| 若者 | わかもの | joven |
| ～湖 | ～こ | lago ～ |
| 深い | ふかい | profundo |
| さまざま［な］ | | diversos |
| 苦しい［生活が～］ | くるしい［せいかつが～］ | severo, difícil [vida ～] |
| 性格 | せいかく | personalidad |
| 人気者 | にんきもの | persona popular |

| | | |
|---|---|---|
| 多く | おおく | un gran número, una gran parte |
| 不安［な］ | ふあん［な］ | preocupante |
| 出る［製品が〜］ | でる［せいひんが〜］ | salir a la venta [〜 un producto] |
| 雷 | かみなり | trueno |
| うち | | nuestro, mío (cf. うちの子ども：mi hijo) |
| 残念［な］ | ざんねん［な］ | lamentable |
| 認める | みとめる | aceptar, reconocer |
| 現実 | げんじつ | realidad, hecho |
| 愛する | あいする | amar |
| 首都 | しゅと | capital (ciudad) |
| 伝言 | でんごん | mensaje |
| 留守番電話 | るすばんでんわ | contestador telefónico |
| メッセージ | | mensaje |
| 受ける［伝言を〜］ | うける［でんごんを〜］ | recibir [〜 un mensaje] |
| 入れる［メッセージを〜］ | いれる | dejar [〜 un mensaje] |
| 差し上げる［電話を〜］ | さしあげる［でんわを〜］ | hacer [〜 una llamada] (formal) |
| そのように | | como eso (cf. このように：como esto) |
| 出る［電話に〜］ | でる［でんわに〜］ | contestar [〜 el teléfono] |
| 急［な］ | きゅう［な］ | urgente, repentino |
| 入る［仕事が〜］ | はいる［しごとが〜］ | recibir, llegar [〜 un trabajo] |
| 取り消す | とりけす | cancelar |
| 来客中 | らいきゃくちゅう | estar atendiendo a un visitante |
| 食パン | しょくパン | pan de molde |
| 売り切れ | うりきれ | agotado |
| バーゲンセール | | venta de saldos |
| 案内状 | あんないじょう | invitación, comunicación, aviso (escrita) |
| 〜状［招待〜］ | 〜じょう［しょうたい〜］ | tarjeta [〜 de invitación] |
| 遠い［電話が〜］ | とおい［でんわが〜］ | poco audible [llamada telefónica 〜 ] |
| 〜嫌い | 〜ぎらい | resistencia a 〜 (hablar por teléfono) |

4

## 4

| | | |
|---|---|---|
| 時代 | じだい | período, era |
| 順に | じゅんに | secuencial, en orden |
| 失礼［な］ | しつれい［な］ | descortés |
| 勧める | すすめる | recomendar |
| 腹を立てる | はらをたてる | indignarse |
| 味わう | あじわう | saborear |
| つなぐ | | unir, enlazar |
| エピソード | | episodio |
| 大嫌い | だいきらい | odiar, detestar |
| 大〜 ［好き / 嫌い］ | だい〜 ［すき / きらい］ | 〜 mucho [gustar/disgustar] |
| しつこい | | persistente, insistente |
| 全員 | ぜんいん | todos |
| 数日 | すうじつ | varios días |
| 親せき | しんせき | pariente |
| 接続する | せつぞくする | conectar |
| 申し出る | もうしでる | ofrecer, proponer |
| 結局 | けっきょく | al final |
| 早速 | さっそく | de inmediato |
| そば | | al lado de |
| 取り付ける | とりつける | instalar |
| 出席者 | しゅっせきしゃ | persona presente, persona asistente |
| 料金 | りょうきん | tarifa |

| | |
|---|---|
| いつもお世話(せわ)になっております。 | Siempre nos sentimos en deuda con usted. |
| あいにく……。 | Desafortunadamente... |

> Se emplea para hacer que los demás sepan que uno lo siente por no poder hacer lo que se esperaba de él.

| | |
|---|---|
| 恐(おそ)れ入(い)りますが、……。 | Disculpe pedirle, pero... |

> Expresión habitual que siempre se usa para pedir un favor a alguien a quien se guarda respeto.

| | |
|---|---|
| このままでよろしければ | Si está bien así (formal) |

ただいまのメッセージをお預かりしました。　Su mensaje ha quedado grabado.
ごめん。　Perdón.

---

| | |
|---|---|
| 日本語能力試験 | Examen de Aptitud del Idioma Japonés：Examen de japonés mediante el cual se evalúa y certifica la aptitud de las personas cuya lengua materna no es el japonés |
| 摩周湖 | Lago Mashu：Lago en Hokkaido |
| 夏目漱石 | Natsume Soseki：Novelista, crítico y especialista en literatura inglesa (1867-1916) |
| マーク・トゥエイン | Mark Twain：Novelista estadounidense (1835-1910) |
| H. G. ウェルズ | H. G. Wells：Novelista y crítico inglés (1866-1946) |
| グラハム・ベル | Alexander Graham Bell：Físico e inventor (1847-1922) Inventó el teléfono en los Estados Unidos |
| ハートフォード | Hartford：Ciudad en el estado de Connecticut, en la costa este de los Estados Unidos |

**4**

# Lección 5

| 教科書 | きょうかしょ | libro de texto |
|---|---|---|
| 居酒屋 | いざかや | taberna, bar |
| やきとり | | brocheta de pollo asado |
| 画面 | がめん | pantalla |
| 俳優 | はいゆう | actor |
| そっくり | | idéntico |
| コンビニ | | tienda de 24 horas, tienda de conveniencia |
| 改札 [口] | かいさつ [ぐち] | revisión de billetes en la estación [puerta de ～] |
| 運転手 | うんてんしゅ | conductor, chofer |
| かかってくる [電話が～] | [でんわが～] | entrar [～ una llamada telefónica] |
| 切れる [電話が～] | きれる [でんわが～] | colgarse [～ el teléfono] |
| 挙げる [例を～] | あげる [れいを～] | dar [～ un ejemplo] |
| 未来 | みらい | futuro |
| なくす [戦争を～] | [せんそうを～] | terminar, acabar [～ con la guerra] |
| 不思議 [な] | ふしぎ [な] | extraño, misterioso, maravilloso |
| 増やす | ふやす | aumentar |
| 今ごろ | いまごろ | por ahora |
| 観光客 | かんこうきゃく | turista |
| 沿う [川に～] | そう [かわに～] | a lo largo [～ de un río] |
| 大通り | おおどおり | avenida, paseo |
| 出る [大通りに～] | でる [おおどおりに～] | salir [～ a una avenida] |
| 横断歩道 | おうだんほどう | paso de peatones |
| 突き当たり | つきあたり | final de la calle |
| 線路 | せんろ | vías de tren |
| 向こう側 | むこうがわ | al otro lado |
| 踏切 | ふみきり | paso a nivel |
| 分かれる [道が～] | わかれる [みちが～] | bifurcarse [～ una calle] |

| 芸術 | げいじゅつ | arte |
| --- | --- | --- |
| 道順 | みちじゅん | ruta |
| 通行人 | つうこうにん | transeúnte |
| 通り | とおり | calle, camino |
| 川沿い | かわぞい | al lado del río |
| 〜沿い | 〜ぞい | a lo largo, al lado |
| 流れる | ながれる | fluir |
| 〜先 [100 メートル〜] | 〜さき | adelante [100 metros 〜] |
| 〜方 [右の〜] | 〜ほう [みぎの〜] | rumbo [ 〜 a la derecha] |
| 南北 | なんぼく | norte y sur |
| 逆 | ぎゃく | opuesto, contrario |
| 南半球 | みなみはんきゅう | hemisferio sur |
| 北半球 | きたはんきゅう | hemisferio norte |
| 常識 | じょうしき | sentido común, comportamiento normal |
| 差別 | さべつ | discriminación |
| 平等 [な] | びょうどう [な] | equitativo |
| 位置 | いち | posición, ubicación |
| 人間 | にんげん | personas, seres humanos |
| 観察する | かんさつする | observar |
| 面 | めん | superficie |
| 中央 | ちゅうおう | centro |
| 自然に | しぜんに | naturalmente |
| 努力する | どりょくする | esforzarse |
| そこで |  | entonces |
| 普通 | ふつう | generalmente |
| 経緯度 | けいいど | latitud y longitud |
| 無意識に | むいしきに | inconscientemente |
| 表れ | あらわれ | aparición, signo, manifestación |
| 上下 | じょうげ | a la cabeza y al fondo, arriba y abajo, vertical |
| 左右 | さゆう | a derecha e a izquierda, lateral |
| 少なくとも | すくなくとも | por lo menos |

| | | |
|---|---|---|
| 文句 | もんく | queja, reclamación |
| わざと | | deliberadamente |
| 経度 | けいど | longitud |
| 緯度 | いど | latitud |
| 使用する | しようする | usar |
| 東西 | とうざい | este y oeste |

~から、~てください。　　　　　haga ~ , entonces ~ .

> Se emplea para describir una ruta, dando puntos de referencia para que el interlocutor comprenda claramente.

**5**

函館(はこだて)　　　Hakodate：Ciudad portuaria en el sur de la prefectura de Hokkaido
東京(とうきょう)タワー　　Torre de Tokio：Torre retransmisora construida en 1958 en el distrito de Minato, en Tokio
アラビア語(ご)　　Idioma árabe
マッカーサー　　Stuart McArthur：Australiano, profesor de secundaria superior
アフリカ　　África
南(みなみ)アメリカ　　América del Sur

# Lección 6

| | | |
|---|---|---|
| 一期一会 | いちごいちえ | dar importancia a cada instante como si fuera una experiencia única en tu vida. |
| フクロウ | | búho, lechuza |
| 学ぶ | まなぶ | estudiar, aprender |
| 一生 | いっしょう | toda la vida |
| 店員 | てんいん | empleado de una tienda |
| 就職する | しゅうしょくする | conseguir trabajo |
| 自分では | じぶんでは | personalmente... |
| ゲーム | | juego |
| うがい | | gárgara |
| ビタミンC | ビタミンシー | vitamina C |
| とる [ビタミンを〜] | | tomar [〜 vitaminas] |
| 遠く | とおく | lejos |
| 太鼓 | たいこ | tambor |
| けいこ | | práctica, entrenamiento, ensayo |
| サケ | | salmón |
| 着陸する | ちゃくりくする | aterrizar |
| 振る [手を〜] | ふる [て を〜] | menear [〜 la mano] |
| タラップ | | peldaño [móvil] |
| ようこそ | | bienvenido |
| ビジネスマナー | | cortesía empresarial |
| セミナー | | seminario |
| 案内 | あんない | aviso, información |
| 費用 | ひよう | costos |
| 交渉する | こうしょうする | negociar |
| 条件 | じょうけん | condiciones |
| 制度 | せいど | sistema |

| | | |
|---|---|---|
| メンタルトレーニング | | entrenamiento mental |
| 取り入れる | とりいれる | aceptar, incluir, incorporar |
| ビジネス | | negocios |
| レベル | | nivel |
| 週 | しゅう | semana |
| 全額 | ぜんがく | precio total |
| 半額 | はんがく | mitad de precio |
| 出す［費用を～］ | だす［ひようを～］ | permitir [～ gastos] |
| それでは | | en ese caso, entonces |
| 期間 | きかん | período (de tiempo) |
| 日時 | にちじ | fecha y hora |
| 授業料 | じゅぎょうりょう | matrícula |
| ～料 | ～りょう | cuota |
| 日にち | ひにち | fecha |
| 担当者 | たんとうしゃ | encargado, responsable |
| 延期する | えんきする | aplazar, posponer |
| 買い換える | かいかえる | remplazar [una compra] |
| 講演会 | こうえんかい | conferencia |
| ～会［講演～］ | ～かい［こうえん～］ | reunión [～ de conferencia] |
| 上司 | じょうし | jefe, persona de cargo superior |
| つかむ | | conseguir |
| そのような | | esa clase de |
| 想像する | そうぞうする | imaginar |
| イメージする | | visualizar |
| 具体的［な］ | ぐたいてき［な］ | concreto, específico |
| 理想 | りそう | ideal |
| 近づく | ちかづく | acercarse, aproximarse |
| こそあど | | palabras demostrativas e interrogativas que empiezan con las sílabas こ, そ, あ y ど |
| 指す | さす | indicar, referirse a |
| 記者会見 | きしゃかいけん | rueda de prensa |

| 記者 | きしゃ | periodista |
| 会見 | かいけん | entrevista |
| 〜ごっこ | | jugar a 〜 |
| キャベツ | | col, repollo |
| 暗い［気持ちが〜］ | くらい［きもちが〜］ | sombrío [sentirse 〜] |
| 世の中 | よのなか | el mundo |
| アホ | | tonto, ridículo |
| 見える［アホに〜］ | みえる | parecer [ 〜 un tonto] |
| ビジネスマン | | hombre de negocios |
| 同じような | おなじような | similar |
| 閉じる | とじる | cerrar |
| トレーニング | | entrenamiento |
| つまり | | en otras palabras, es decir |
| 過去 | かこ | pasado |
| 向き合う | むきあう | enfrentar |
| そうすれば | | si haces así |
| 現在 | げんざい | actualmente |
| そこから | | desde ahí |
| 解決する | かいけつする | solucionar |
| プラン | | plan |
| 立てる　［プランを〜］ | たてる | esbozar [ 〜 un plan] |
| 順番 | じゅんばん | orden, secuencia |

| いやあ、……。 | No... |
| 今ちょっとよろしいでしょうか。 | ¿Dispone usted de unos momentos? |
| 実は〜のことなんですが、……。 | De hecho, se trata de 〜 |

> Significa "hablando francamente", y es una expresión que se utiliza para poner de manifiesto, en primer lugar, lo que uno desea hablar cuando entabla negociaciones o pide un favor.

| ふうん。 | ¿Eh? ¿De verdad? |

もし〜が無理(むり)なら、……。　　　Si no fuera mucho pedir...

> Expresión para mostrar disposición a negociar para conseguir un permiso o algo de cualquier manera, proponiendo una alternativa.

---

| | |
|---|---|
| 「ちょうちょ」 | Mariposa：canción infantil |
| スバル | Las Pleyades：grupo de estrellas en la constelación de Tauro y entre ellas, seis se pueden apreciar a simple vista. |
| 日本留学試験(にほんりゅうがくしけん) | Examen de Admisión en Universidades Japonesas para Estudiantes Extranjeros (EJU)：Prueba de aptitud del idioma japonés, así como aptitud académica básica para los estudiantes extranjeros que desean ingresar en una universidad japonesa. |
| 羽田空港(はねだくうこう) | Aeropuerto de Haneda：Aeropuerto situado en Tokio |

# Lección 7

| | | |
|---|---|---|
| 出す［料理を～］ | だす［りょうりを～］ | servir [～ comida] |
| 歓迎会 | かんげいかい | fiesta de bienvenida, recepción |
| 招待状 | しょうたいじょう | invitación [escrita] |
| ラーメン | | ramen (caldo de fideos chinos) |
| 折り紙 | おりがみ | origami (el arte del papel plegado) |
| ピンク | | color rosa |
| 送別会 | そうべつかい | fiesta de despedida |
| 中華レストラン | ちゅうかレストラン | restaurante chino |
| 留学生会 | りゅうがくせいかい | Asociación de Estudiantes Internacionales |
| ～会<br>［留学生～］ | ～かい<br>［りゅうがくせい～］ | agrupación ～ [～ de estudiantes extranjeros] |
| 会長 | かいちょう | presidente |
| 点数 | てんすう | puntuación, nota |
| たいした | | una gran cosa |
| 悪口 | わるぐち | calumnia, difamación |
| 夫婦 | ふうふ | marido y mujer |
| ～げんか［夫婦～］ | ［ふうふ～］ | riña [～ de esposos] |
| 医学部 | いがくぶ | facultad de medicina |
| ～部［医学～］ | ～ぶ［いがく～］ | facultad ～ [～ de medicina] |
| ライオン | | león |
| 喜ぶ | よろこぶ | alegrarse |
| 冗談 | じょうだん | broma |
| ～たち［子ども～］ | ［こども～］ | (sufijo plural) [niños] |
| お化け | おばけ | fantasma, espectro |
| いじめる | | molestar, acosar |
| 感心する | かんしんする | impresionarse |
| 親 | おや | padres |
| あらためて | | de nuevo, nuevamente |
| 一周 | いっしゅう | una vuelta |

| | | |
|---|---|---|
| ～山 | ～さん | monte ～ |
| 芝居 | しばい | teatro, espectáculo |
| せりふ | | parlamento, papel (～ en un guión) |
| 泣く | なく | llorar |
| アニメ | | anime, dibujos animados |
| 感動する | かんどうする | emocionarse |
| 講演 | こうえん | conferencia |
| 譲る | ゆずる | ceder |
| ツアー | | excursion, viaje |
| きつい［スケジュールが～］ | | apretado [calendario ～] |
| フリーマーケット | | mercado de pulgas |
| 遠慮する | えんりょする | mostrarse reticente o reservado |
| 失礼 | しつれい | descortesía |
| 表す | あらわす | mostrar |
| 受ける［誘いを～］ | うける［さそいを～］ | aceptar [ ～ una invitación] |
| 着付け教室 | きつけきょうしつ | clase para aprender a vestir correctamente un kimono |
| 待ち合わせる | まちあわせる | encontrarse con |
| 空く［時間が～］ | あく［じかんが～］ | libre, disponible [tiempo ～ ] |
| 交流会 | こうりゅうかい | fiesta de intercambio |
| いろんな | | diversos |
| ゼミ | | seminario |
| せっかく | | amablemente |
| 今回 | こんかい | esta vez |
| 同僚 | どうりょう | colega |
| 登山 | とざん | alpinismo, montañismo |
| 紅葉 | こうよう | coloración otoñal de las hojas |
| 見物 | けんぶつ | turismo |
| 音楽会 | おんがくかい | recital, concierto |
| まんじゅう | | pastelillo de mermelada de fríjol |
| ヘビ | | serpiente |

| | | |
|---|---|---|
| 毛虫 | けむし | oruga |
| いばる | | presumir, ser orgulloso |
| 震える | ふるえる | temblar, tiritar |
| すると | | en ese momento, entonces |
| おれ | | yo (lo emplean los hombres) |
| ～ぐらい | | por lo menos |
| お前 | おまえ | tú (lo emplean los hombres y es una expresión un poco ruda) |
| 丸い | まるい | redondo |
| いや | | no |
| 震えだす | ふるえだす | empezar a tiritar |
| 助ける | たすける | ayudar, salvar |
| 次々に | つぎつぎに | uno tras otro |
| 目の前 | めのまえ | frente a la vista |
| ポツリと | | murmurando |
| ホームページ | | portal de Internet |
| 笑い話 | わらいばなし | chiste, chascarrillo |
| 落語 | らくご | rakugo (narrativa cómica tradicional japonesa) |

| | |
|---|---|
| 本当ですか。 | ¿De verdad? |
| ぜひお願いします。 | ¡Por supuesto que sí! |

> Se emplea para aceptar con gusto una invitación.

| | |
|---|---|
| せっかく誘っていただいたのに、申し訳ありません。今回は遠慮させてください。 | Realmente aprecio la invitación, pero me temo que tendré que rechazarla esta vez. |

> Se emplea para rechazar cortésmente una invitación, expresando al mismo tiempo un pesar enorme.

| | |
|---|---|
| ……かい？ | (sufijo que indica una pregunta) |
| 助けてくれ！ | ¡Auxilio! |

# Lección 8

| 眠る | ねむる | dormir |
|---|---|---|
| 黙る | だまる | guardar silencio |
| 取る［ノートを〜］ | とる | tomar [〜 notas] |
| 盗む | ぬすむ | robar |
| 焦げる | こげる | quemarse |
| 枯れる | かれる | secarse, marchitarse |
| 平凡［な］ | へいぼん［な］ | mediocre |
| 人生 | じんせい | vida |
| 免許 | めんきょ | permiso, licencia |
| 取る［免許を〜］ | とる［めんきょを〜］ | conseguir [〜 un permiso] |
| 退職する | たいしょくする | jubilarse |
| もったいない | | derroche, desperdicio |
| 鍋 | なべ | olla |
| ことば遣い | ことばづかい | uso del lenguaje, forma de hablar |
| 生 | なま | crudo |
| 専門的［な］ | せんもんてき［な］ | especializado |
| 社会勉強 | しゃかいべんきょう | aprendizaje de la vida |
| 高校生 | こうこうせい | alumno de secundaria superior o bachillerato |
| 迷子 | まいご | niño perdido |
| しま | | a rayas |
| 花柄 | はながら | diseño de flores |
| チェック | | a cuadros |
| スカート | | falda |
| 無地 | むじ | liso |
| 水玉 | みずたま | dibujo de puntos |
| リュック | | mochila |
| 背負う | せおう | cargar sobre las espaldas |
| サービスカウンター | | mostrador de servicios |
| 姪 | めい | sobrina |

| | | |
|---|---|---|
| 特徴 | とくちょう | característica |
| 身長 | しんちょう | estatura |
| ジーンズ | | vaqueros, bluejeans |
| 髪型 | かみがた | peinado |
| 肩 | かた | hombro |
| 持ち物 | もちもの | efectos personales |
| 水色 | みずいろ | azul claro |
| 折りたたみ | おりたたみ | plegable |
| 青地 | あおじ | fondo azul |
| 〜地 | 〜じ | fondo |
| 持つところ | もつところ | asa |
| プラスチック | | plástico |
| 途上国 | とじょうこく | país en desarrollo |
| 先進国 | せんしんこく | país desarrollado |
| プラス | | ventajas |
| マイナス | | desventajas |
| 共通 | きょうつう | común |
| 関心 | かんしん | interés |
| 多様化 | たようか | diversificación |
| タイトル | | título |
| 反対に | はんたいに | por el contrario |
| 前後 | ぜんご | antes y después |
| 対象 | たいしょう | correspondiente a, sujeto a |
| 少女 | しょうじょ | niña |
| アイディア | | idea |
| 輝く | かがやく | brillar, resplandecer |
| 浮力 | ふりょく | flotabilidad |
| 少年 | しょうねん | niño |
| キノコ雲 | キノコぐも | nube de la bomba atómica |
| 時に | ときに | a veces |
| ダメージ | | daño |

| | | |
|---|---|---|
| 与える<br>　［ダメージを〜］ | あたえる | causar [〜 daño] |
| ひげ | | barba |
| 伸びる | のびる | crecer |
| 発展する | はってんする | desarrollar |
| ページ | | página |
| 魅力 | みりょく | atractivo |
| 豊か［な］ | ゆたか［な］ | acaudalado |
| 受ける<br>　［ダメージを〜］ | うける | verse sujeto [〜 a un daño] |
| テーマ | | tema |
| 述べる | のべる | hablar, decir |

確(たし)か、〜たと思(おも)います。　　Si mal no recuerdo, creo que fue...

> Para explicar algo mientras se recuerda de memoria la apariencia de alguien o el estado de algo.

**8**

| | |
|---|---|
| ナイジェリア | Nigeria |
| トリニダードトバゴ | Trinidad y Tobago |
| インド | India |
| ウガンダ | Uganda |

# Lección 9

| | | |
|---|---|---|
| 決まる | きまる | decidir |
| 済む | すむ | terminar, acabar |
| 印鑑 | いんかん | sello (personal u oficial) |
| サイン | | firma |
| 性能 | せいのう | calidad, desempeño |
| タイプ | | tipo |
| 機能 | きのう | función |
| 平日 | へいじつ | día laborable |
| 将棋 | しょうぎ | shogi (juego de tablero japonés parecido al ajedrez) |
| 自慢する | じまんする | llenar de orgullo, enorgullecerse |
| 豚肉 | ぶたにく | carne de cerdo |
| 牛肉 | ぎゅうにく | carne de vacuno |
| バレーボール | | voleibol |
| 気温 | きおん | temperatura (atmosférica) |
| 降水量 | こうすいりょう | precipitación pluvial |
| 月別 | つきべつ | mensual |
| 平均 | へいきん | promedio |
| 予防注射 | よぼうちゅうしゃ | vacunación preventiva |
| 国々 | くにぐに | países |
| 都市 | とし | ciudad |
| 入国する | にゅうこくする | inmigrar |
| 資源 | しげん | recursos (naturales) |
| とれる［米が〜］ | ［こめが〜］ | cosechar [〜 arroz] |
| 大雪 | おおゆき | fuerte nevada |
| 乾燥する | かんそうする | secar |
| 道路 | どうろ | camino |
| どんどん | | rápidamente, sin cesar |
| 最後 | さいご | final |

| | | |
|---|---|---|
| 生きる | いきる | vivir |
| 誕生 | たんじょう | nacer |
| 実現する | じつげんする | materializar, volver realidad |
| 金メダル | きんメダル | medalla de oro |
| 金 | きん | oro |
| メダル | | medalla |
| バスケットボール | | baloncesto, basquetbol |
| 選手 | せんしゅ | deportista |
| シンプル［な］ | | sencillo |
| 書き込み | かきこみ | escritura |
| 検索 | けんさく | búsqueda |
| 例文 | れいぶん | ejemplo en forma de frase, oración modelo |
| ジャンプ機能 | ジャンプきのう | función "jump": función de los diccionarios electrónicos que permite averiguar palabras saltando entre diferentes diccionarios mediante la presión de un solo botón. |
| ジャンプ | | salto |
| 商品 | しょうひん | producto |
| ～社 | ～しゃ | empresa ～ |
| 国語辞書 | こくごじしょ | diccionario de japonés |
| 和英辞書 | わえいじしょ | diccionario japonés-inglés |
| 載る［例文が～］ | のる［れいぶんが～］ | dar [ ～ oraciones modelos] |
| シルバー | | plata |
| 付け加える | つけくわえる | agregar |
| 編集する | へんしゅうする | editar |
| しっかり | | fiable, bien |
| 留守番をする | るすばんをする | hacerse cargo [de la casa] mientras los demás están fuera |
| 柄 | がら | dibujo |
| 共通語 | きょうつうご | lengua común |
| 演奏 | えんそう | representación, interpretación (de una pieza musical) |
| 特許 | とっきょ | patente |
| 倒産 | とうさん | bancarrota, quiebra |
| 大金持ち | おおがねもち | millonario |

| | | |
|---|---|---|
| 誇る | ほこる | sentirse orgulloso |
| 表れる | あらわれる | aparecer |
| 今では | いまでは | hoy por hoy |
| ＴＳＵＮＡＭＩ | ツナミ | tsunami |
| 影響 | えいきょう | influencia, repercusión |
| 有名人 | ゆうめいじん | persona famosa |
| 録音する | ろくおんする | grabar |
| ヒント | | indicio, ayuda |
| 貸し出す | かしだす | alquilar |
| ところが | | sin embargo |
| 競争 | きょうそう | competición |
| 性別 | せいべつ | sexo |
| 地域 | ちいき | región |
| 関係なく | かんけいなく | sin distinción |
| 娯楽 | ごらく | diversión |
| ［お］年寄り | ［お］としより | persona en edad avanzada |
| 仲間 | なかま | amigo, compañero |
| 心 | こころ | alma, corazón |
| 治す | なおす | curar |
| 単なる | たんなる | mero, simple |
| きっかけ | | razón, motivo |
| 交流協会 | こうりゅうきょうかい | asociación de intercambio |
| 広報誌 | こうほうし | boletín, revista de relaciones públicas |
| 暮らし | くらし | vida cotidiana |
| 役立つ | やくだつ | ser útil |
| 参加者 | さんかしゃ | participante |

| | |
|---|---|
| こうやって | De esta manera... |
| ～だけじゃなくて、～のがいいんですが……。 | No solo ～ , pero ～ sería bueno... |

> Se emplea para agregar las condiciones que uno desea con respecto a lo que va a comprar.

## 9

| | |
|---|---|
| それでしたら、〜（の）がよろしいんじゃないでしょうか。 | En ese caso, ¿no sería mejor 〜? |
| ほとんど変（か）わりませんね。 | Casi no hay diferencia, ¿verdad? |
| 〜で、〜はありませんか。 | ¿Tiene 〜 con 〜? |

> Después de que el empleado de una tienda ha recomendado un producto, así se pide un artículo diferente, pero que satisfaga las mismas condiciones.

---

| | |
|---|---|
| ドラえもん | *Doraemon*：Gato robot protagonista de series de *manga* y *anime* traducidas a muchos idiomas y famosas en todo el mundo. |
| アインシュタイン | Albert Einstein：Físico alemán (naturalizado estadounidense) y ganador del premio Nobel (1879-1955) |
| タイム | *Time*：Revista noticiosa semanaria estadounidense. Se publica en 30 países |
| ガンジー | Mohandas Karamchand Gandhi：Político y pensador indio (1869-1948) |
| 毛沢東（もうたくとう） | Mao Zedong：Político y pensador chino. Fundador de la República Popular de China (1893-1976) |
| 黒澤 明（くろさわあきら） | Akira Kurosawa：Director de cine (1910-1998) Su obra representativa es *Los siete samurais* |
| 井上大佑（いのうえだいすけ） | Daisuke Inoue：Inventor del *karaoke* (1949-) |
| 8（エイト）ジューク | Máquina de ocho discos：El primer aparato de *karaoke*, inventado por Daisuke Inoue en 1971. |
| 曲（ま）がるストロー | Paja flexible：Inventada y patentada por Takao Sakata, basándose en la forma de un fuelle de tubo de escape, después de ver las dificultades por las que atravesaba un amigo hospitalizado a tratar de beber con una paja rígida. |
| プルトップリング | Arillo de apertura "ring pull"：Lengüeta en forma de arillo para abrir un orificio que permite beber el líquido en la tapa de una lata. |

# Lección 10

| | | |
|---|---|---|
| もうける | | ganar [〜 dinero] |
| [お金を〜] | [おかねを〜] | |
| 見かける | みかける | notar, darse cuenta |
| 否定する | ひていする | negar |
| タイムマシン | | máquina de transporte a través del tiempo |
| 宝くじ | たからくじ | lotería |
| 当たる | あたる | ganar [〜 la lotería] |
| [宝くじが〜] | [たからくじが〜] | |
| ワールドカップ | | Copa Mundial |
| カエル | | rana |
| 計画 | けいかく | plan |
| 実際 | じっさい | hecho |
| めったに | | raramente |
| 通じる | つうじる | conectar, funcionar [el teléfono 〜] |
| [電話が〜] | [でんわが〜] | |
| 時間通りに | じかんどおりに | a tiempo |
| かかる | | encender [〜 el motor] |
| [エンジンが〜] | | |
| 鬼 | おに | demonio |
| 怒る | おこる | indignarse |
| $CO_2$ | シーオーツー | $CO_2$ |
| 抽選 | ちゅうせん | sorteo |
| 一等 | いっとう | primer lugar |
| 投票 | とうひょう | votación |
| [お]互いに | [お]たがいに | mutuamente |
| 出す [修理に〜] | だす [しゅうりに〜] | enviar [〜 a reparación] |
| 聞き返す | ききかえす | volver a preguntar |
| てっきり | | definitivamente |
| 倉庫 | そうこ | almacén, depósito |

| | | |
|---|---|---|
| プリンター | | impresora |
| 入る［電源が〜］ | はいる［でんげんが〜］ | fluir [〜 la corriente eléctrica] |
| マニュアル | | manual |
| 親しい | したしい | de confianza |
| 驚く | おどろく | sorprenderse |
| 〜代［60〜］ | 〜だい | rango de 〜 años [personas en el rango de 60 años] |
| 誤解 | ごかい | malentendido |
| 記憶 | きおく | memoria |
| 型 | かた | tipo, modelo |
| 〜型 | 〜がた | modelo 〜 |
| 落とし物 | おとしもの | objeto perdido |
| 転ぶ | ころぶ | caer |
| 奇数 | きすう | número impar |
| 偶数 | ぐうすう | número par |
| ぼんやりする | | soñar despierto, andar distraido |
| あわて者 | あわてもの | persona descuidada |
| ミス | | error |
| これら | | esos |
| ヒューマンエラー | | error humano |
| 手術 | しゅじゅつ | operación |
| 患者 | かんじゃ | paciente |
| 心理学者 | しんりがくしゃ | psicólogo |
| おかす［ミスを〜］ | | cometer [〜 un error] |
| うっかりミス | | error involuntario |
| うっかり | | descuido, involuntario |
| こういう | | esta clase de (cf. ああいう：esa clase de) |
| チェックリスト | | lista de comprobación |
| 手がかり | てがかり | pista, indicio |
| 一方 | いっぽう | por otra parte |
| 深く［〜呼吸する］ | ふかく［〜こきゅうする］ | profundamente [respirar 〜] |

| | | |
|---|---|---|
| 指 | ゆび | dedo |
| 聖人君子 | せいじんくんし | modelo de todas las virtudes |
| うそつき | | mentiroso |
| または | | o |
| エラー | | error |
| 困った人 | こまったひと | persona problemática |
| 完成する | かんせいする | terminar, finalizar |
| つながる<br>［出来事に〜］ | ［できごとに〜］ | resultar [ 〜 en un incidente] |
| 出来事 | できごと | incidente, suceso |
| 不注意 | ふちゅうい | falta de atención |
| 引き起こす | ひきおこす | causar, ocasionar |

| | |
|---|---|
| どういうことでしょうか。 | ¿Qué ha dicho usted? |
| | Se emplea para expresar desconcierto o un sentimiento de lástima ante lo que alguien acaba de decir. |
| そんなはずはありません。 | ¡Eso es imposible! |
| てっきり〜と思っていました。 | Estaba convencido de que... |
| | Se emplea para decir a alguien lo que uno ha estado pensando hasta ese momento y expresar la sensación de que es difícil de creer de inmediato lo que uno acaba de escuchar. |
| 気を悪くする | ofenderse, disgustarse |
| わかってもらえればいいんです。 | No importa. |

---

| | |
|---|---|
| ＪＲ | JR：Abreviación de Japan Railways |
| 沖縄県 | Prefectura de Okinawa：La prefectura más meridional de Japón. Incluye las islas Ryukyu. La oficina prefectural de Okinawa está situada en la ciudad de Naha. |

| | |
|---|---|
| マザー・テレサ | Madre Teresa：Monja romana católica de etnia albanesa (1910-1997) Famosa por su misión en la India |
| 新宿 (しんじゅく) | Shinjuku：Una de las subdivisiones administrativas de Tokio. La oficina del Gobierno Metropolitano de Tokio se mudó a Shinjuku en 1991. |
| リーズン | James Reason：Psicólogo inglés y autor de *El error humano* y *La gestión de los grandes riesgos* |

# Lección 11

| | | |
|---|---|---|
| ますます | | más y más, cada vez más |
| 企業 | きぎょう | empresa |
| 今後 | こんご | a partir de ahora |
| 方言 | ほうげん | dialecto |
| 普及する | ふきゅうする | propagarse |
| 建つ | たつ | construirse |
| 大家族 | だいかぞく | familia numerosa |
| 大〜［〜家族］ | だい〜［〜かぞく］ | numeroso [familia 〜] |
| パックツアー | | viaje organizado |
| 個人 | こじん | individual |
| いかにも | | de hecho |
| 入学式 | にゅうがくしき | ceremonia de ingreso a la escuela |
| 派手［な］ | はで［な］ | extravagante, vistoso |
| 元気 | げんき | vitalidad, alegría |
| 出す［元気を〜］ | だす［げんきを〜］ | sacar a relucir [〜 la vitalidad] |
| 広告 | こうこく | anuncio |
| 美容院 | びよういん | salón de belleza |
| 車いす | くるまいす | silla de ruedas |
| 寄付する［病院に車いすを〜］ | きふする［びょういんにくるまいすを〜］ | donar [〜 una silla de ruedas al hospital] |
| グレー | | gris |
| 地味［な］ | じみ［な］ | sencillo |
| 原爆 | げんばく | bomba atómica |
| ただ一つ | ただひとつ | uno sólo, único |
| 恐ろしさ | おそろしさ | horror |
| ダイナマイト | | dinamita |
| 自宅 | じたく | hogar, su casa |
| あわてる | | precipitarse, atolondrarse |
| 落ち着く | おちつく | calmarse |

| | | |
|---|---|---|
| 行動する | こうどうする | actuar, tomar medidas |
| のんびりする | | relajarse |
| シューズ | | zapatos, zapatillas |
| つながる[電話が〜] | [でんわが〜] | conectarse [〜 el teléfono] |
| 遺跡 | いせき | ruinas, restos |
| 発掘 | はっくつ | excavación |
| これまでに | | hasta ahora |
| 南極 | なんきょく | polo Sur |
| 探検 | たんけん | exploración |
| 世界遺産 | せかいいさん | patrimonio de la humanidad |
| 価値 | かち | valor |
| やっぱり | | después de todo, ya lo creo, al final de (forma familiar de やはり) |
| 流氷 | りゅうひょう | témpanos de hielo |
| 自由行動 | じゆうこうどう | tiempo libre |
| 提案する | ていあんする | proponer |
| 軽く[〜体操する] | かるく[〜たいそうする] | ligeramente [hacer ejercicio 〜] |
| 乗り物 | のりもの | vehículo, medio de transporte |
| 酔う[乗り物に〜] | よう[のりものに〜] | marearse [〜 en un vehículo] |
| コメント | | comentario |
| さらに | | aún más |
| 仮装 | かそう | disfraz |
| 染める | そめる | teñir |
| 黄金 | おうごん | oro |
| 伝説 | でんせつ | leyenda |
| いくつか | | varios |
| 屋根 | やね | tejado |
| 農作物 | のうさくぶつ | productos agrícolas |
| 金銀 | きんぎん | oro y plata |
| 治める | おさめる | controlar, gobernar |

| | | |
|---|---|---|
| 掌 | てのひら | palma de la mano |
| 後半 | こうはん | parte posterior |
| くぎ | | clavo |
| 村人 | むらびと | aldeano |
| かける[費用を〜] | [ひようを〜] | gastar [〜 dinero] |
| 向き | むき | dirección |
| 抵抗 | ていこう | resistencia |
| 〜層 | 〜そう | en terrazas |
| 蚕 | かいこ | gusano de seda |
| 火薬 | かやく | pólvora |
| 製造する | せいぞうする | fabricar |
| 送る[生活を〜] | おくる[せいかつを〜] | llevar [〜 una vida] |
| 家内産業 | かないさんぎょう | industria artesanal, industria casera |
| 年貢 | ねんぐ | tributo anual |
| 期待する | きたいする | desear, tener esperanzas |
| 地 | ち | tierra |
| 前半 | ぜんはん | parte anterior |
| やってくる | | venir |
| 住み着く | すみつく | establecerse en una vivienda |
| 一族 | いちぞく | familia |
| 〜城 [帰雲〜] | 〜じょう [かえりくも〜] | castillo de [〜 Kaerikumo] |
| 城 | しろ | castillo |
| 掘り当てる | ほりあてる | toparse con |
| 権力者 | けんりょくしゃ | persona influyente |
| 飢きん | ききん | hambruna |
| 〜軒 | 〜けん | (numerador para casas) |
| 数百人 | すうひゃくにん | cientos de personas (cf. 数十人(すうじゅうにん)：decenas de personas, 数千人(すうせんにん)：miles de personas) |
| 一人残らず | ひとりのこらず | hasta la última persona |
| 消える | きえる | desaparecer, extinguirse |

| | | |
|---|---|---|
| 保管する | ほかんする | conservar, almacenar |
| 兆 | ちょう | billón |
| 分ける | わける | dividir |
| 　［いくつかに〜］ | | |
| 積もる［雪が〜］ | つもる［ゆきが〜］ | acumularse [〜 la nieve] |
| 気候 | きこう | clima |
| 観光案内 | かんこうあんない | información turística |
| 観光地 | かんこうち | lugar turístico |

| | |
|---|---|
| 〜っていうのはどうですか。 | ¿Qué le parece...? |

> Cuando alguien pide un consejo, esta expresión indica que uno está haciendo simplemente una sugerencia, dejando que la persona a la que se ofrece el consejo tome la decisión por sí misma.

| | |
|---|---|
| それも悪くないですね。 | Ese tampoco está mal. |
| それもそうですね。 | Si, supongo que es así. |
| けど、……。 | Pero... |
| それも悪くないですけど……。 | No es una mala idea, pero... |

> Se emplea para dar una opinión mientras se reconoce que la del interlocutor también es valiosa.

---

| | |
|---|---|
| ノーベル | Alfred Bernhard Nobel：Científico sueco que inventó la dinamita (1833-1896) |
| モーツァルト | Wolfgang Amadeus Mozart：Compositor musical austriaco (1756-1791) Compuso más de 600 obras, entre ellas la ópera *Las bodas de Fígaro* |
| 首里城 | Castillo de Shuri：Castillo del antiguo reino de Ryukyu, situado en la ciudad de Shuri, prefectura de Okinawa |
| 雪祭り | Festival de la Nieve：Festival turístico en Sapporo, Hokkaido. Famoso por sus gigantescas esculturas de nieve y árboles iluminados |
| 白川郷 | Shirakawa-go：Aldea montañosa situada corriente arriba en el río Sho, en la prefectura de Gifu. En este lugar, familias numerosas han convivido tradicionalmente en enormes casas construidas al estilo *gassho-zukuri*. |

| 白神山地 (しらかみさんち) | Las montañas de Shirakami：Área montañosa situada en el monte Shirakami donde colindan las prefecturas de Aomori y Akita. Alberga uno de los bosques primitivos de hayas japonesas (Fagus crenata) más extensos del mundo. |

| 厳島神社 (いつくしまじんじゃ) | Santuario de Itsukushima：Hermoso santuario en Miyajima, prefectura de Hiroshima. Algunas estructuras fueron construidas en el mar. Tiene abundantes ruinas históricas y tesoros nacionales. |

| 屋久島 (やくしま) | Isla de Yakushima：Una de las islas Osumi, en la prefectura de Kagoshima. Está cubierta por un bosque vírgen de cedros (*Cryptomeria Japonica*) llamados Yakusugi. Algunos tienen varios miles de años de edad. |

| 知床 (しれとこ) | Shiretoko：Península larga y estrecha en el extremo noreste de la prefectura de Hokkaido. Su litoral está formado por acantilados y desemboca en el mar de Okhotsk. |

| 原爆ドーム (げんばく) | La Cúpula de la Bomba Atómica：Restos del edificio que quedó destruido por el bombardeo atómico sobre Hiroshima el 6 de agosto de 1945. Símbolo del desastre. |

| 合掌造り (がっしょうづくり) | *Gassho-zukuri*：Estilo de los hogares en la región de Hida, construidos para familias numerosas y la sericultura. Sus techos extremadamente inclinados les permiten soportar intensas nevadas. |

| 江戸時代 (えどじだい) | Era Edo：Igual que la era Tokugawa. El shogunato se estableció en Edo (hoy Tokio) (1603-1867) |

| 内ヶ嶋為氏 (うちがしまためうじ) | Uchigashima Tameuji：Comandante militar de la era Muromachi que construyó el castillo de Kaerikumo en Shirakawa-go. Se desconocen los años de su nacimiento y muerte. |

| 帰雲城 (かえりくもじょう) | Castillo de Kaerikumo：Fue construido por Uchigashima Tameuji en Shirakawa-go, prefectura de Gifu aproximadamente en 1464. Quedó destruido en 1586 por el Gran Terremoto de Tensho. |

| 織田信長 (おだのぶなが) | Oda Nobunaga：Comandante militar de la era Azuchi-Momoyama durante el período Sengoku (de los estados guerreros) (1534-1582) |

# Lección 12

| 演奏会 | えんそうかい | concierto, recital |
|---|---|---|
| 報告書 | ほうこくしょ | informe escrito |
| あくび | | bostezo |
| 犯人 | はんにん | criminal |
| 追いかける | おいかける | perseguir |
| 作業 | さぎょう | trabajo |
| スープ | | sopa |
| こぼす | | derramar |
| シャッター | | cortina de seguridad |
| スプレー | | atomizador |
| 落書きする | らくがきする | pintar graffiti |
| 夜中 | よなか | a medianoche |
| 日 | ひ | rayo de sol |
| 当たる［日が～］ | あたる［ひが～］ | llegar [～ los rayos del sol] |
| 暮らす | くらす | vivir |
| 書道 | しょどう | shodo, caligrafía japonesa |
| 蛍光灯 | けいこうとう | luz fluorescente |
| メニュー | | menú |
| バイク | | motocicleta |
| 目覚まし時計 | めざましどけい | reloj despertador |
| 鳴る | なる | sonar |
| 温暖［な］ | おんだん［な］ | tibio |
| 家事 | かじ | faenas del hogar |
| ぐっすり［～眠る］ | ［～ねむる］ | profundamente [dormir ～] |
| 迷惑 | めいわく | molestia, problema |
| かける［迷惑を～］ | ［めいわくを～］ | causar [～ molestias] |
| 風邪薬 | かぜぐすり | medicina para la gripe |
| 乗り遅れる | のりおくれる | perder |
| 苦情 | くじょう | protesta, reclamación |

|  |  |  |
|---|---|---|
| 遅く | おそく | tarde |
| ［お］帰り | ［お］かえり | vuelta a casa |
| あまり | | demasiado |
| どうしても | | inevitablemente, del modo que sea |
| 自治会 | じちかい | asociación de residentes |
| 役員 | やくいん | miembro de asociación |
| ＤＶＤ | ディーブイディー | DVD |
| 座談会 | ざだんかい | conferencia de mesa redonda |
| カルチャーショック | | choque cultural |
| 受ける［ショックを～］ | うける | sufrir [～ un choque] |
| それまで | | hasta entonces |
| 騒々しい | そうぞうしい | ruidoso |
| アナウンス | | anuncio |
| 分かれる［意見が～］ | わかれる［いけんが～］ | discrepancia [～ de opiniones] |
| 奥様 | おくさま | señora |
| おいでいただく | | sírvase acudir |
| 苦労 | くろう | sufrimiento |
| 中略 | ちゅうりゃく | omisión de frases |
| おかしな | | gracioso, raro |
| サンダル | | sandalia |
| ピーピー | | sonido de silbato (como el de una tetera) |
| たまらない | | insoportable |
| 都会 | とかい | ciudad |
| 住宅地 | じゅうたくち | área residencial |
| 虫 | むし | insecto |
| 虫の音 | むしのね | sonido de insectos |
| 車内 | しゃない | dentro de un vehículo |
| ホーム | | andén |
| 加える | くわえる | agregar |

| | | |
|---|---|---|
| さっぱり［～ない］ | | absolutamente [～no] |
| 乗客 | じょうきゃく | pasajero |
| 安全性 | あんぜんせい | seguridad |
| 配慮する | はいりょする | considerar |
| 含む | ふくむ | incluir |
| チャイム | | repique |
| 発車ベル | はっしゃベル | campana que anuncia la salida del tren |
| 必ずしも［～ない］ | かならずしも | [no] necesariamente |
| 近所づきあい | きんじょづきあい | hacer amistad con los vecinos |
| コマーシャル | | aviso publicitario |

気がつきませんでした。　　No me dí cuenta.
どうしても……　　del modo que sea...

> Se emplea para dar a conocer que es imposible hacer algo después de haber sometido detenidamente a consideración las circunstancias.

それはわかりますけど、……　　Lo comprendo, pero...

> Se emplea para indicar que a pesar de comprender la situación del interlocutor, ésta representa un problema.

どちらかと言えば……　　Prefiero...
いい勉強になる　　Sirve de experiencia

．．．．．．．．．．．．．．．．．．．．．．．．．．．．．．．．．．．．．．．．．．．．．．．．．．．．

| | |
|---|---|
| ハンガリー | Hungria |
| ブダペスト | Budapest |
| バンコク | Bangkok |
| 宇都宮 | Utsunomiya：Ciudad de la región central de la prefectura de Tochigi. Alberga las oficinas del gobierno prefectural |
| 浦安 | Urayasu：Ciudad satélite de Tokio, situada en la bahía de Tokio, en el noroeste de la prefectura de Chiba. En este lugar se encuentra "Tokyo Disneyland" |

# Parte 2
# Notas Gramaticales

# Lección 1

**1.** 〜てもらえませんか・〜ていただけませんか
〜てもらえないでしょうか・〜ていただけないでしょうか

Forma V て ＋ { もらえませんか／いただけませんか
もらえないでしょうか／いただけないでしょうか

「〜てもらえませんか」y「〜ていただけませんか」se utilizan para preguntar cortésmente si se puede hacer algo.

① ちょっとペンを貸してもらえませんか。

　　¿Podría prestarme su bolígrafo un momento?

② コピー機の使い方を教えていただけませんか。

　　¿Podría enseñarme cómo se usa la copiadora?

Ref. 「〜ていただけませんか（expresión de una petición cortés）」:
　　いい先生を紹介していただけませんか。　　　(☞『みんなの日本語初級Ⅱ』Lección 26)

Las expresiones「〜てもらえないでしょうか」y「〜ていただけないでしょうか」suenan más corteses y suaves que「〜てもらえませんか」y「〜ていただけませんか」.

③ すみません、子どもが寝ているので、もう少し静かにしてもらえないでしょうか。

　　Disculpe, mi hijo está durmiendo, ¿podría guardar un poco de silencio?

④ 申し訳ございませんが、子どもを預っていただけないでしょうか。

　　Siento mucho molestarlo pero, ¿podría encargarle que cuide a mi hijo?

**2.** 〜のようだ・〜のような〜・〜のように… (semejanza/ejemplo)

S の ＋ { ようだ
ような S
ように V／A い／A な

「S₁ は S₂ のようだ」se usa para expresar las características de un sustantivo (S₁) con respecto a otro sustantivo (S₂) (una semejanza).

① あの病院はホテルのようだ。　Ese hospital es como un hotel.

② このお酒はジュースのようだ。　Este licor sabe como un jugo.

Hay casos en que se usa 「$S_2$ のような $S_1$」 para modificar un sustantivo.

③ 田中さんはホテルのような病院に入院している。

El Sr. Tanaka está internado en un hospital que parece un hotel.

④ わたしはジュースのようなお酒しか飲まない。

Yo solo bebo licor que sabe como jugo.

También se puede usar 「$S_1$ は $S_2$ のように」 antes de un verbo o un adjetivo.

⑤ 田中さんが入院している病院はホテルのようにきれいだ。

El hospital donde está internado el Sr. Tanaka es tan hermoso como un hotel.

⑥ このお酒はジュースのように甘い。　Este licor es dulce como un jugo.

「$S_2$ のような $S_1$」 se usa para describir alguna característica de $S_1$, citando a $S_2$ como una referencia (ejemplo).

⑦ 夫は、カレーのような簡単な料理しか作れません。

Mi esposo solo puede cocinar platos sencillos como el curry.

⑧ 「アポ」のような外来語は、外国人にはとても難しい。

Para los extranjeros, las palabras de origen extranjero como "apo", son muy difíciles de comprender.

Ref. 「…ようだ（deducción a partir de una situación）」:
　　　人が大勢集まっていますね。
　　　…事故のようですね。パトカーと救急車が来ていますよ。

(☞『みんなの日本語初級Ⅱ』Lección 47)

## 3. ～ことは／が／を

**Forma V dicc ＋ こと ＋ は／が／を**

Con 「～こと」 se forma un sustantivo.

① 朝早く起きることは健康にいい。

Levantarse temprano por la mañana es bueno para la salud.

② 田中さんは踊ることが好きです。　Al Sr. Tanaka le gusta bailar.

③ 優勝することを目指しています。　Intento ganar el campeonato.

Ref. 「Forma V dicc ＋ ことができます／ことです」:
　　　わたしはピアノを弾くことができます。
　　　わたしの趣味は映画を見ることです。

(☞『みんなの日本語初級Ⅰ』Lección 18)

## 4. ~を~と言う

S₁ を S₂ と言う

Se usa para explicar a alguien el nombre (S₂) de una cosa o acontecimiento (S₁).

① 1月1日を元日と言います。

　　Al 1 de enero se le llama ganjitsu (día de Año Nuevo).

② 正月に神社やお寺に行くことを初詣でと言う。

　　A la visita a los templos en Año Nuevo se le llama hatsumode.

## 5. ~という~

S₁ という S₂

Se usa para citar el nombre o el título (S₁) de una cosa o persona que el interlocutor o el lector tal vez desconoce. S₁ es un nombre propio, como el de una persona, etc., mientras que S₂ es un sustantivo simple.

① 夏目漱石という小説家を知っていますか。

　　¿Conoce a un novelista llamado Natsume Soseki?

② 昨日、「スター・ウォーズ」という映画を見ました。

　　Ayer vi una película llamada "Star Wars".

## 6. いつ／どこ／何／だれ／どんなに~ても

Forma V て

A い　ーい → くて

A な 　　　 ＋ で

S

＋ も

Expresa "todo lo que puede suceder bajo cualquier circunstancia". Se usa la forma 「ても」 después de los vocablos 「いつ」「どこ」「何」「だれ」「どんなに」, etc.

① 世界中どこにいても家族のことを忘れません。

　　Sea el lugar que sea del mundo, nunca me olvido de mi familia.

② 何度聞いても同じことしか教えてくれない。

　　Por más que pregunte, continúan diciéndome sólo lo mismo.

③ だれが何と言っても考えを変えません。

　　Sea quien sea y diga lo que diga, no voy a cambiar de opinión.

④ どんなに高くても買いたいです。

　　Por caro que sea, deseo comprarlo.

Con un sustantivo, la expresión se convierte en「どんな S でも」,「どの S でも」o「どんなに〜 S でも」.

⑤ どんな人でも優しい心を持っているはずだ。

　　Estoy convencido de que toda la gente, sea quien sea, tiene buen corazón.

⑥ 正月になると、どの神社でも人がいっぱいだ。

　　Al llegar el Año Nuevo, los santuarios de cualquier lugar están llenos de gente.

⑦ どんなに丈夫なかばんでも長く使えば、壊れてしまうこともある。

　　Por más resistente que sea la maleta, podría romperse si la usas mucho tiempo.

Ref. 「〜ても（conjunción adversativa）」：いくら考えても、わかりません。

(☞『みんなの日本語初級Ⅰ』Lección 25)

## 話す・聞く

### 〜じゃなくて、〜

La expresión「S$_1$ じゃなくて、S$_2$」niega a S$_1$ y propone a S$_2$ en su lugar.

① これはペンじゃなくて、チョコレートです。食べられますよ。

　　Esta no es una pluma sino un chocolate. ¡Y se puede comer!

② 京都ではお寺を見ましょうか。

　　…お寺じゃなくて、若い人が行くようなにぎやかなところに行きたいです。

　　¿Visitaremos templos mientras estemos en Kioto?

　　　　No quisiera ir a templos, sino a un lugar alegre donde se reúnen los jóvenes.

## 読む・書く

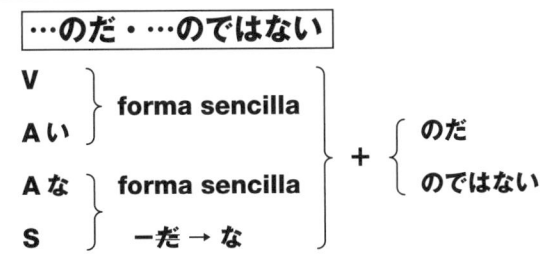

### …のだ・…のではない

$$\left.\begin{array}{l} V \\ A い \end{array}\right\} \text{forma sencilla}$$
$$\left.\begin{array}{l} A な \\ S \end{array}\right\} \begin{array}{l} \text{forma sencilla} \\ -だ → な \end{array} + \left\{\begin{array}{l} のだ \\ のではない \end{array}\right.$$

「…のです」se puede usar en la siguiente forma cuando indica un resultado que ha surgido por cierta razón, o una afirmación basada en ciertas justificaciones.

① 3時の飛行機に乗らなければなりません。それで、わたしは急いでいるのです。
　　　(razón／justificación)　　　　　(だから／それで)　(resultado／afirmación)

　　Debo abordar el avión de las tres de la tarde. Por eso tengo prisa.

② 彼は日本に留学します。それで日本語を勉強しているのです。

　　Él va a estudiar en Japón. Por esa razón está estudiando japonés.

「…のではない」se usa para negar todo, excepto la parte final de la oración. Por ejemplo, en ③ se niega la parte de "por mí mismo".

③ このレポートは一人で書いたのではありません。

　　Yo no escribí este informe por mí mismo.

　　*cf.*　×このレポートは一人で書きませんでした。

**何人も、何回も、何枚も…**

「何 + numerativo（人、回、枚…）+ も」indica un gran número de algo.

① マンションの前にパトカーが何台も止まっています。

　　Hay muchas patrullas detenidas frente al edificio de apartamentos.

# Lección 2

## 1. (1) (2) ～たら、～た

**V たら、{V・A} た**

(1) 「X たら、Y た」indica que Y sucede como consecuencia de una acción X.

① 薬を飲んだら、元気になりました。

Después de tomar la medicina, me curé.

② カーテンを変えたら、部屋が明るくなった。

Después de cambiar las cortinas, la habitación se volvió más luminosa.

(2) También puede indicar que se descubrió Y como resultado de una acción X.

③ 家に帰ったら、猫がいなかった。

Cuando volví a casa, me di cuenta de que el gato no estaba.

④ かばんを開けたら、財布がなくなっていた。

Cuando abrí el bolso, descubrí de que no estaba la cartera.

⑤ 50年前の古いお酒を飲んでみたら、おいしかった。

Al probar el sake de hace 50 años, me pareció sabroso.

Con「X と、Y た」, también se puede expresar el mismo significado que en (1) y (2).

⑥ 薬を飲むと、元気になりました。

Después de tomar la medicina, me curé.

⑦ 家に帰ると、猫がいなかった。

Cuando volví a casa, me di cuenta de que el gato no estaba.

Ref. 「～たら (subjuntivo)」：お金があったら、旅行します。

「～たら (perfectivo)」：10時になったら、出かけましょう。

(☞『みんなの日本語初級Ⅰ』Lección 25)

## 2. ～というのは～のことだ・～というのは…ということだ

**S というのは { S の / O (forma sencilla) という } + ことだ**

「X というのは～のことだ」y「X というのは…ということだ」son expresiones que se usan para explicar el significado de una palabra (X).

① 3K というのは汚い、きつい、危険な仕事のことだ。

3K significa un trabajo sucio, agotador y peligroso.

② PC というのはパソコンのことです。　PC significa Personal Computer.

③ 禁煙というのはたばこを吸ってはいけないということです。

Kin-en (prohibido fumar) significa que está prohibido fumar.

④ 駐車違反というのは車を止めてはいけない場所に車を止めたということです。

Chusha-ihan (prohibido aparcar) significa que el vehículo está aparcado en un lugar donde no se debe parar.

## 3. …という～

**O (forma sencilla) + という S (sustantivo que expresa palabras y pensamientos)**

La forma「…という～」se usa cuando se dan detalles de un sustantivo que expresa palabras y pensamientos como「話、うわさ、考え、意見、意志、批判、ニュース」(conversación, rumor, idea, opinión, intención, crítica, noticia), etc.

① 昔ここは海だったという話を知っていますか。

¿Ha escuchado usted la historia de que hace mucho tiempo este lugar estaba bajo el mar?

② 田中さんがもうすぐ会社を辞めるといううわさを聞きました。

Escuché el rumor de que el Sr. Tanaka pronto va a dejar esta empresa.

③ カリナさんは、研究室は禁煙にしたほうがいいという意見を持っている。

Karina tiene la opinión de que debería estar prohibido fumar en el laboratorio.

## 4. …ように言う／注意する／伝える／頼む

**Forma V dicc**
**Forma V ない －ない** ｝ ように + V （言う、注意する、伝える、頼む）

(decir, advertir, comunicar, pedir)

Se usa cuando se alude indirectamente a los detalles de una instrucción o solicitud. Cuando se alude directamente a una instrucción o solicitud, la oración adquiere la forma「～なさい」y「～てはいけません」o「～てください」.

① 学生に図書館で物を食べないように注意しました。

Advertí a los alumnos que no coman en la biblioteca.

→ 学生に「図書館で物を食べてはいけません」と注意しました。

Advertí a los alumnos diciéndoles: "No se debe comer en la biblioteca".

② この仕事を今日中にやるように頼まれました。

Me pidieron que terminara este trabajo hoy.

→ 「この仕事を今日中にやってください」と頼まれました。

Me dijeron: "Termine este trabajo hoy, por favor".

③ 子どもたちに早く寝るように言いました。

　　Les dije a los niños que se durmieran temprano.

　→　子どもたちに「早く寝なさい」と言いました。

　　　Les dije a los niños: 'Duérmanse temprano'.

Note que ~なさい es una expresión que indica una instrucción o una orden. Se usa sólo en ciertas ocasiones, como cuando los padres hablan con sus hijos. También se usa para dar instrucciones en exámenes escritos y otros casos.

## 5. ~みたいだ・~みたいな~・~みたいに… （semejanza/ejemplo）

S ｛ みたいだ
　　みたいな S
　　みたいに V／A い／A な

「~ようだ」y「~みたいだ」significan lo mismo, pero「~みたいだ」se emplea de una forma menos formal.

① わあ、このお酒、ジュースみたいだね。　¡Vaya! Este licor sabe como jugo, ¿no?
② わたしはジュースみたいなお酒しか飲まない。　Yo solo bebo licores que parecen jugo.
③ このお酒はジュースみたいに甘いよ。　Este licor es tan dulce como un jugo.
④ 夫は、カレーみたいな簡単な料理しか作れません。

　　Mi esposo solo puede cocinar platos sencillos como el curry.

Ref.　「~のようだ・~のような~・~のように…」：
　　　あの病院はホテルのようだ。

(☞『みんなの日本語中級Ⅰ』Lección 1)

## 話す・聞く

### ~ところ

Significa「~とき」, pero sólo se usa junto con ciertas palabras en situaciones como「お忙しいところ」(aunque usted está ocupado),「お休みのところ」(aunque usted está descansando),「お急ぎのところ」(aunque tiene prisa),「お疲れのところ」(aunque usted está cansado). Se emplea para agradecer a alguien o para pedirle un favor.

① お忙しいところ、すみません。ちょっとお願いがあるんですが。

　　Perdone por molestarlo aunque está ocupado, pero quisiera pedirle un favor...

② お休みのところ、手伝ってくださって、ありがとうございました。

　　Le agradezco mucho por haberme ayudado aunque estaba usted descansando.

# Lección 3

1. ~（さ）せてもらえませんか・~（さ）せていただけませんか
   ~（さ）せてもらえないでしょうか・~（さ）せていただけないでしょうか

   V（さ）せ + { もらえませんか／いただけませんか
              もらえないでしょうか／いただけないでしょうか }

   Estas expresiones se usan cuando se pide permiso a alguien para hacer algo (V).

   ① すみません。このパンフレットをコピーさせてもらえませんか。
      Disculpe, ¿me permite copiar este folleto?
   ② 月曜日の店長会議で報告させていただけませんか。
      ¿Podría presentar un informe en la reunión de gerentes de tienda el lunes?
   ③ 一度、工場を見学させていただけないでしょうか。
      ¿Me permitiría hacer una visita a la fábrica alguna vez?

   「~させていただけませんか」es más cortés que「~させてもらえませんか」, y「~させていただけないでしょうか」es más cortés que「~させていただけませんか」.

   Ref. 「~させていただけませんか（expresión de petición cortés）」:
   しばらくここに車を止めさせていただけませんか。(☞『みんなの日本語初級Ⅱ』Lección 48)

2. (1) …ことにする

   Forma V dicc
   Forma V ない －ない } + ことにする

   「Vする／Vしないことにする」se usa para indicar la decisión de hacer o no hacer algo (V).
   ① 来年結婚することにしました。 Hemos decidido casarnos el año próximo.
   ② 今晩は外で食事をすることにしよう。 He decidido cenar fuera esta noche.

2. (2) …ことにしている

   Forma V dicc
   Forma V ない －ない } + ことにしている

「Vする／Vしないことにしている」indica un hábito decidido previamente para hacer o dejar de hacer algo y que sigue practicando.

① 毎週日曜日の夜は外で食事をすることにしている。

　　Acostumbramos cenar fuera todos los domingos por la noche.

② ダイエットしているので、お菓子を食べないことにしている。

　　Como estoy a dieta, he decidido dejar de comer dulces.

## 3. (1) …ことになる

**Forma V dicc**
**Forma V ない　－ない** ＋ ことになる

「Vする／Vしないことになる」expresa la decisión de "hacer (V) / o no hacer (V)".「ことにする」expresa la decisión de hacer algo por sí mismo, mientras que「ことになる」expresa que algo sucede por una decisión ajena a uno mismo.

① 来月アメリカへ出張することになりました。

　　Se ha decidido que el mes próximo haré un viaje de negocios a los Estados Unidos.

② 中国へは田中さんが行くことになるでしょう。

　　Es probable que se decida que a China vaya el Sr. Tanaka.

Sin embargo, cuando una persona ha tomado la decisión por sí misma, puede emplear「ことになる」para quitar importancia al hecho de que fue su propia decisión.

③ 部長、実は、今年の秋に結婚することになりました。結婚式に出席していただけないでしょうか。

　　Jefe, fue decidido que este otoño me casaré. ¿Podría honrarme con su presencia en la boda?

## 3. (2) …ことになっている

**Forma V dicc**
**Forma V ない　－ない** ＋ ことになっている

En la forma「Vする／Vしないことになっている」se indica que algo se ha programado o ha sido decidido como regla.

① あしたの朝9時から試験を行うことになっています。

　　Se ha programado un examen para mañana a las 9 de la mañana.

② うちでは夜9時以降はテレビをつけないことになっている。

　　En nuestra casa está decidido no encender el televisor después de las 9 de la noche.

## 4. ～てほしい・～ないでほしい

$$\left.\begin{array}{l}\text{Forma V て} \\ \text{Forma V ない －ないで}\end{array}\right\} + \text{ほしい}$$

(1) 「S に V てほしい」se usa para indicar "el deseo de que S (alguien) haga algo (V)".

① わたしは息子に優しい人になってほしいです。

　　Deseo que mi hijo sea una buena persona.

「S に」se puede omitir cuando S es conocido.

② このごろ自転車を利用する人が多いが、規則を守って乗ってほしい。

　　Mucha gente usa bicicleta recientemente, pero desearía que respetaran las reglas.

Cuando se expresa el "deseo de que no haga algo (V)", se utiliza la forma negativa 「V ないでほしい」。

③ こんなところにごみを捨てないでほしい。

　　Quisiera que no tiraran la basura en lugares como este.

Aunque se convierten en expresiones de solicitud o instrucción cuando se usan respecto a las acciones de alguien, podrían ser demasiado directas si se usan sin modificarlas. Por consiguiente, a menudo se suavizan agregándoles expresiones como 「のですが／んですが」。

④ すみません、ちょっと手伝ってほしいんですが。

　　Perdone, ¿podría prestarme su ayuda unos momentos?

(2) También se pueden usar con respecto a asuntos distintos a las acciones de alguien. En ese caso, se utiliza 「S が」 en lugar de 「S に」。

⑤ 早く春が来てほしい。　Deseo que la primavera llegue pronto.

⑥ あしたは雨が降らないでほしい。　Espero que mañana no llueva.

## 5. (1) ～そうな～・～そうに…

$$\left.\begin{array}{l}\text{Forma V ます} \\ \text{A い －い} \\ \text{A な}\end{array}\right\} + \left\{\begin{array}{l}\text{そうな S} \\ \text{そうに V}\end{array}\right.$$

La 「forma V ます＋そうだ」 que se agrega a un verbo tiene un significado distinto de 「A そうだ」 que se añade a un adjetivo. En caso de 「V そうだ」 indica predicción de una gran probabilidad de que ocurra V, o indicio de que V va a ocurrir.

① ミラーさん、シャツのボタンが取れそうですよ。

Sr. Miller, parece que el botón de su camisa se va a desprender.

② 雨が降りそうなときは、洗濯しません。

Cuando parece que va a llover, no lavo la ropa.

「Aそうだ」significa que "algo tiene una apariencia A".

③ ワンさんの隣にいる学生はまじめそうですね。

El estudiante junto al Sr. Wang parece serio, ¿no es así?

④ このケーキはおいしそうですね。

Esta tarta parece sabrosa, ¿no es así?

⑤ 子どもたちが楽しそうに遊んでいます。

Parece ser que los niños juegan divirtiéndose.

Cuando「Vそうだ」, que expresa una predicción o un indicio de algo que va a ocurrir, y「Aそうだ」, que indica una apariencia externa, modifican a un sustantivo, asumen la forma「そうなS」. Cuando modifican a un verbo, asumen la forma「そうにV」.

⑥ 雨が降りそうなときは、洗濯しません。

Cuando parece que va a llover, no lavo la ropa.

⑦ おいしそうなケーキがありますね。

Hay una tarta que parece sabrosa, ¿no es así?

⑧ 子どもたちが楽しそうに遊んでいます。

Parece ser que los niños juegan divirtiéndose.

Ref. 「〜そうだ（predicción/apariencia）」：
今にも雨が降りそうです。
この料理は辛そうです。
ミラーさんはうれしそうです。

(☞『みんなの日本語初級Ⅱ』Lección 43)

## 5.(2) 〜なさそう

```
Aい    －い → く
Aな  }  －だ → では   } + なさそう
S         （じゃ）
```

Es la forma negativa de「Aそうだ」. Significa que el asunto en cuestión "parece no ser A/se piensa que no sea A".

① あの映画はあまりおもしろくなさそうですね。

Parece que aquella película no es muy interesante, ¿no es así?

② この機械はそんなに複雑じゃ（では）なさそうです。

Parece que esta máquina no es tan complicada.

③ 彼は学生ではなさそうです。　Parece que él no es un estudiante.

## 5．(3) ～そうもない

**Forma V ます + そうもない**

Es la forma negativa de「V そうだ」y indica la predicción de que "probablemente no sucederá V".

① 今日は仕事がたくさんあるので、5時に帰れそうもありません。

Hoy tengo mucho trabajo, así que probablemente no volveré a casa a las 5 de la tarde.

② この雨はまだやみそうもないですね。

Es probable que esta lluvia no cese aún, ¿no es así?

### 話す・聞く

**～たあと、…**

**V たあと、…**

「V たあと、…」indica que una situación o circunstancia (…) sigue ocurriendo después de V.

① じゃ、来週の月曜日会議が終わった{あと／あとで}、お会いしましょうか。

Bien, ¿nos reunimos después de que termine la conferencia el lunes de la próxima semana?

Cuando「…」contiene palabras como「いる」o「ある」, se vuelve difícil emplear「あとで」.

② 日曜日は朝食を食べた{○あと／×あとで}、どこへも行かず家でテレビを見ていました。

El domingo, después de desayunar no fuimos a ningún lugar, sino que nos quedamos en casa viendo televisión.

③ 授業が終わった{○あと／×あとで}、学生が2、3人まだ教室に残っていました。

Dos o tres estudiantes aún se quedaban en el salón de clases después de que terminó la lección.

# Lección 4

## 1. …ということだ（rumores）

**O（forma sencilla）+ ということだ**

(1)「X ということだ」es una expresión de rumores similar a「X そうだ」y se utiliza cuando se informa sobre "X", que alguien ha dicho o que la gente en general dice.

① 山田さんから電話があったのですが、約束の時間に少し遅れるということです。

El Sr. Yamada llamó por teléfono y según parece, llegará un poco tarde a la cita.

② 近くにいた人の話によると、トラックから急に荷物が落ちたということです。

Según la gente que estaba cerca, la carga se cayó de pronto del camión.

También puede asumir la forma「とのことです」, pero tiende a ser más en el lenguaje escrito.

③ （手紙文）先日、ワンさんに会いました。ワンさんから先生によろしくとのことです。

(Texto de una carta) En días pasados me reuní con el Sr. Wang. El Sr. Wang le manda saludos.

(2)「X ということですね」se puede usar cuando se repite lo que alguien acaba de decir.

④ A：部長に30分ほど遅れると伝えてください。

　　Por favor, dígale al jefe de división que voy a llegar unos 30 minutos tarde.

　B：はい、わかりました。30分ほど遅れるということですね。

　　Comprendido. Entonces, va a llegar con un retraso de unos 30 minutos, ¿no es así?

## 2. …の・…の？

**O（forma sencilla）+ { の / の？ }**

Esta es una forma familiar de「…のですか」. Se usa al conversar con alguien de confianza.

① どこへ行くの？　¿Dónde vas?

　…ちょっと郵便局へ。　Voy un momento al correo.

② 元気(げんき)がないね。先生(せんせい)にしかられたの？
　　Pareces desanimado. ¿Te reprendió el profesor?
　　…うん。　Sí.
③ どうしたの？　¿Qué pasó?
　　…お母(かあ)さんがいないの。　Que no está mi madre.

Ref. 「…のです／んです」: Expresión que se usa para hacer énfasis en una explicación presentando una causa, razón o fundamento. Al hablar se emplea 「…んです」, pero al escribir se emplea 「…のです」.　　(☞『みんなの日本語初級Ⅱ』Lección 26)

3. 〜ちゃう・〜とく・〜てる

⟨Cómo crear formas⟩

Ｖてしまう　→　Ｖちゃう

Ｖておく　→　Ｖとく

Ｖている　→　Ｖてる

(1)「〜てしまう」se convierte en「〜ちゃう」en el lenguaje hablado.
　① 行(い)ってしまいます → 行(い)っちゃいます
　② 読(よ)んでしまった → 読(よ)んじゃった
　③ 見(み)てしまった → 見(み)ちゃった

(2)「〜ておく」se convierte en「〜とく」en el lenguaje hablado.
　④ 見(み)ておきます → 見(み)ときます
　⑤ 作(つく)っておこう → 作(つく)っとこう
　⑥ 読(よ)んでおいてください → 読(よ)んどいてください

(3)「〜ている」se convierte en「〜てる」en el lenguaje hablado.
　⑦ 走(はし)っている → 走(はし)ってる
　⑧ 読(よ)んでいる → 読(よ)んでる
　⑨ 見(み)ていない → 見(み)てない

4. 〜（さ）せられる・〜される（causativo-pasivo）

⟨Cómo crear formas⟩

ＶⅠ: forma ない ＋ せられる／される

ＶⅡ: forma ない ＋ させられる

ＶⅢ: する → させられる
　　　来(く)る → 来(こ)させられる

(1) Esta expresión combina el causativo y el pasivo.
　① 太郎君は掃除をしました。Taro limpió.
　　→ 先生は太郎君に掃除をさせました。（causativo）
　　　　El profesor hizo que Taro limpiara.
　　→ 太郎君は先生に掃除をさせられました。（causativo-pasivo）
　　　　Taro fue obligado a limpiar por el profesor.
(2) El enunciado「S₁ は S₂ に V させられる」es la forma básica del causativo-pasivo, pero a veces「S₂ に」no se especifica. Sin embargo, en cualquier caso, significa que S₁ no hace V por su propia voluntad, sino porque alguien le ha obligado a hacerlo.
　② 昨日の忘年会ではカラオケを｛歌わせられた／歌わされた｝。
　　　Ayer en la fiesta de fin de año, me hicieron cantar karaoke.
　③ この会議では毎月新しい問題について研究したことを発表させられます。
　　　Cada mes nos hacen presentar en esta conferencia lo que hemos investigado sobre un nuevo problema.

## 5. ～である（estilo である）

S
Aな  ｝ + である

～ている ＋ のである

「～である」significa lo mismo que「～だ」, pero es un estilo más formal. Se utiliza con frecuencia en la escritura, en especial para comentarios editoriales y otros temas similares.
　① 失敗は成功の母である。　El error es la base del éxito.
　② このような事件を起こしたことは非常に残念である。
　　　Haber causado un problema como éste es extremadamente lamentable.
　③ ここは去年まで山であった。
　　　Aquí era una área montañosa hasta el año pasado.

En el「estilo である」,「～のだ」se convierte en「～のである」
　④ 世界中の人々が地球の平和を願っているのである。
　　　La gente de todo el planeta desea la paz mundial.

## 6. ～ます、～ます、…・～くて、～くて、… (forma discontinua)

〈Cómo crear formas〉

V ：forma V ます －ます（います → おり）

Aい：Aい －い → く

Aな：Aな －で

S ：S －で

(1) La forma discontinua del verbo (la misma que la forma V ます) se usa en la oración「V₁ (forma ます), V₂」y establece una sucesión o parataxis de eventos, de la misma forma que en「V₁ (forma て), V₂」.

① 朝起きたら、まず顔を洗い、コーヒーを飲み、新聞を読みます。

Después de levantarme por la mañana, primero me lavo la cara, luego tomo café y leo el periódico.

② 彼とは学生時代、よく遊び、よく話し、よく飲んだ。

A menudo me divertía, hablaba y bebía con él cuando eramos estudiantes.

(2) La forma discontinua de「いる」es「おり」.

③ 兄は東京におり、姉は大阪にいます。

Mi hermano mayor está en Tokio y mi hermana mayor en Osaka.

(3) La forma discontinua de un adjetivo o sustantivo indica la coordinación de los significados que se muestran en las propias palabras.

④ マリアさんは、優しく、頭がよく、すばらしい女性だ。

María es una mujer amable, inteligente y maravillosa.

## 7. (1) ～（た）がる

Forma V ます ＋ たがる

Aい －い  
Aな      ＋ がる

Al adjuntar la forma「S が～（た）がる」a un adjetivo que expresa emoción, eso indica que la emoción de S (otra persona) se revela en su expresión o comportamiento. La forma「～たい」que significa un deseo asume la forma「～たがる」.

① 太郎君は友達のおもちゃを欲しがる。

Taro desea tener los juguetes de sus amigos.

② このチームが負けると、息子はすごく悔しがる。

Mi hijo siempre se lamenta mucho cuando este equipo pierde.

③ このごろの若者は、難しい本を読みたがらない。

　　Los jóvenes actuales no muestran interés en leer libros difíciles.

## 7. (2) ～（た）がっている

**Forma V ます + たがっている**

A い　－い
A な　　　｝ + がっている

「～（た）がる」indica la tendencia de una persona a comportarse siempre mostrando una emoción o aspiración. Cuando alguien se comporta de esa forma en el momento de la conversación, se emplea la forma「～（た）がっている」.

① 太郎君は友達のおもちゃを欲しがっている。

　　Taro está deseando tener los juguetes de sus amigos.

② 好きなチームが負けて、息子はすごく悔しがっている。

　　Ha perdido el equipo favorito de mi hijo y él lo está lamentando mucho.

## 8. …こと・…ということ

**O (forma sencilla) + [という] こと + partícula indicadora de caso**

**A な + なこと／であること**

(1) Cuando se añade una partícula indicadora de caso, etc. a una oración, se emplea la forma「…こと + partícula indicadora de caso」para hacer que la oración funcione como sustantivo.

La oración que precede a「…こと」asume una forma sencilla.

① 田中さんが結婚したことを知っていますか。

　　¿Sabía usted que el Sr. Tanaka se ha casado?

② これは田中さんの辞書ではないことがわかりました。

　　Me he dado cuenta de que éste no es el diccionario del Sr. Tanaka.

Cuando la oración termina con un adjetivo な, se emplea la forma「A な + なこと」o「A な + であること」.

③ 世界中でこの漫画が有名 {な／である} ことを知っていますか。

　　¿Sabía usted que este manga es mundialmente famoso?

(2) Cuando la oración es larga y compleja, se debe utilizar「という」antes de「こと」para hacer que funcione como sustantivo.「～ということ」se añade a la oración de forma sencilla.

④ 二十歳になればだれでも結婚できるということを知っていますか？

¿Sabías que cualquiera se puede casar después de haber cumplido 20 años de edad?

⑤ 日本に来てから、家族はとても大切｛だ／である｝ということに初めて気がついた。

Después de venir a Japón, por primera vez me di cuenta de lo importante que es mi familia.

⑥ この辺りは昔、海｛だった／であった｝ということは、あまり知られていない。

Casi nadie sabe que esta zona estaba cubierta por el mar hace mucho tiempo.

Ref. 「こと」：朝早く起きることは健康にいい。 (☞『みんなの日本語中級Ⅰ』Lección 1)

東京へ行っても、大阪のことを忘れないでくださいね。

(☞『みんなの日本語初級Ⅰ』Lección 25)

## 話す・聞く

### ～の～（aposición）

Muestra que S₁ y S₂ son idénticos. S₁ es un sustantivo que muestra un atributo de S₂, dando más información sobre él. También se puede expresar en la forma「S₁である S₂」.

① 部長の田中をご紹介します。

Le presento a Tanaka, nuestro jefe de división.

② あさっての金曜日はご都合いかがですか。

¿Está usted disponible pasado mañana viernes?

### ～ましたら、…・～まして、…

**V (forma de cortesía) ＋ ｛たら・て｝、…**

「たら」y la forma て pueden formar expresiones de cortesía.

① 会議が終わりましたら、こちらからお電話させていただきます。

Me voy a tomar la libertad de llamarle por teléfono cuando haya terminado la conferencia.

② 本日は遠くから来てくださいまして、ありがとうございました。

Muchas gracias por haber venido desde lugares tan lejanos para estar presentes el día de hoy.

# Lección 5

**1．(1)** あ～・そ～（pronombre demostrativo contextual (diálogo)）

Los demostrativos como「あ～」y「そ～」, etc., se pueden usar para hacer referencia a algo que ha aflorado en una conversación o que aparece en un texto, así como a algo que está físicamente presente. En conversación se indica con「あ（あれ、あの、あそこ…）」algo directamente conocido tanto para quien habla como para quien escucha. Se indica con「そ（それ、その、そこ）」algo que conoce quien habla pero que desconoce quien escucha, o viceversa.

① さっき、山本さんに会ったよ。　Acabo de reunirme con el Sr. Yamamoto.
　…え、あの人、今日本にいるんですか。　¿Eh? ¿Se encuentra él ahora en Japón?

② さっき、図書館でマリアさんという人に会ったんだけどね。その人、この学校で日本語を勉強したんだって。

Acabo de conocer en la biblioteca a alguien llamada María. Me dijo que ha estado estudiando japonés en esta escuela.

　…そうですか。その人は何歳ぐらいですか。

　¿De verdad? ¿Más o menos qué edad tiene?

**1．(2)** そ～（pronombre demostrativo contextual (escrito)）

En las oraciones se emplea「そ（それ、その、そこ…）」para hacer referencia a algo que ha aparecido en la oración anterior.

① 会社を出たあと、駅のレストランで夕食を食べました。そのとき、財布を落としたんだと思います。

Después de salir de la oficina cené en un restaurante de la estación. Creo que en ese momento se me cayó la cartera.

② イギリスの人気小説が日本語に翻訳されました。それが今年日本でベストセラーになりました。

Una popular novela inglesa fue traducida al japonés. Y se ha vuelto un superventas este año en Japón.

## 2. …んじゃない？

V
Aい } forma sencilla
Aな } forma sencilla
S      ーだ → な

＋ [んじゃないですか] ／んじゃない？

「…んじゃないですか」es una forma familiar de「…のではありませんか」. Se usa en modo de conversación informal cuando la persona que habla expresa sus ideas.

① 元気がないですね。何か困っていることがあるんじゃないですか。
　　Pareces desanimado. ¿No será que tienes alguna preocupación?
　　…ええ、実は……。　Sí, la verdad es que…

「んじゃないですか」se convierte en「んじゃない」cuando se conversa con alguien de confianza. En la conversación formal se transforma en「のではないでしょうか」.

② タワポンさん、少し太ったんじゃない。　Thawaphon, has engordado un poco, ¿verdad?
　　…わかりますか。　¿Se me nota?

## 3. ～たところに／で

**V（verbo que indica movimiento）forma た ＋ ところ**

Los verbos que indican movimiento, como「行く、渡る、曲がる、出る」(ir, cruzar, girar, salir), etc., se usan en la forma「V（forma た）＋ところ」para indicar la posición a la que se ha llegado después de que ha ocurrido el movimiento.

① あの信号を左へ曲がったところに、郵便局があります。
　　Justo después de girar a la izquierda en ese semáforo hay una oficina de correos.
② 改札を出て、階段を上ったところで、待っていてください。
　　Salga por la puerta de revisión de billetes de la estación y después de subir las escaleras, espere ahí, por favor.

## 4. (1) (2)　～（よ）う（forma volitiva）とする／しない

**V（よ）う ＋ とする／しない**

(1)「V（よ）う（forma volitiva）とする／しない」indica algo que ocurre justo antes de hacer V. Por consiguiente,「Vする」no se realiza. Cuando se aplica de esta manera, se usa generalmente junto con「～とき」,「～たら」, etc.

① 家を出ようとしたとき、電話がかかってきた。

El teléfono sonó cuando me disponía a salir de casa.

② 雨がやんだので、桜を撮ろうとしたら、カメラの電池が切れてしまった。

Iba a sacar fotografías de las flores del cerezo porque la lluvia cesó, y en ese momento se agotó la batería de la cámara.

(2) También puede indicar que alguien está esforzándose para hacer V.

③ 父は健康のためにたばこをやめようとしています。

Mi padre está tratando de dejar el tabaco por el bien de su salud.

④ あの日のことは、忘れようとしても忘れることができません。

Por más que intento olvidarlo, no puedo borrar de mi mente lo que ocurrió ese día.

(3) 「V（forma volitiva）としない」indica que una persona no intenta hacer V. Por lo general, se utiliza para hacer referencia a otras personas y no a uno mismo.

⑤ 妻は紅茶が好きで、お茶やコーヒーを飲もうとしない。

A mi esposa le gusta el té negro y no hace ni siquiera el intento de tomar té verde o café.

⑥ 人の話を聞こうとしない人は、いつまでたっても自分の考えを変えることができません。

La gente que no intenta escuchar lo que dicen los demás, nunca podrá cambiar su propia opinión, pase lo que pase.

## 5. …のだろうか

V / Aい } forma sencilla
Aな } forma sencilla
S }  －だ → な
+ のだろうか

La expresión「X のだろうか」se usa cuando uno mismo se pregunta si X es posible o no. También se puede usar con expresiones interrogativas como「どう」,「何」o「いつ」para hacerse una pregunta a sí mismo.

① この店ではクレジットカードが使えるのだろうか。

Me pregunto si en esta tienda se puede usar tarjeta de crédito.

② 大学院に入るためには、どうすればいいのだろうか。

Me pregunto qué es necesario hacer para ingresar en la escuela de posgrado.

También se puede usar para preguntar algo a alguien. No obstante, a comparación de 「Xのですか」, la forma 「Xのでしょうか」 es una manera más suave de preguntar y no exige respuesta.

③　すみません。この店ではクレジットカードが使えるのでしょうか。

　　　Disculpe, ¿se puede usar tarjeta de crédito en esta tienda?

La forma 「Xのだろうか」 sin interrogativo se puede usar también cuando uno desea sugerir que "X no es cierto" o que "uno no piensa que es X".

④　このクラスでは日本語で話すチャンスがとても少ない。こんな勉強で会話が上手になるのだろうか。

　　　En esta clase hay muy pocas oportunidades de hablar en japonés. Me pregunto si puedo mejorar mi capacidad de conversación con un método de estudio como éste.

## 6. 〜との／での／からの／までの／への〜

### S + {partícula indicadora de caso + の} + S

Cuando una palabra con una partícula indicadora de caso como 「と、で、から、まで、へ」, etc. se añade para modificar un sustantivo, se agrega 「の」 al final de la partícula. No obstante, si la partícula es 「に」, no se agrega 「の」 al final de 「に」. En ese caso, 「に」 cambia por 「へ」 y se usa 「への」.

①　友達との北海道旅行は、とても楽しかったです。

　　　El viaje a Hokkaido con mis amigos fue muy divertido.

②　日本での研究はいかがでしたか。　¿Qué tal te fue con tu investigación en Japón?

③　国の両親からの手紙を読んで、泣いてしまった。

　　　Al leer la carta que me enviaron mis padres desde mi país, empecé a llorar.

④　先生へのお土産は何がいいでしょうか。

　　　Me pregunto qué cosa sería un buen regalo para el profesor.

「の」 no se agrega al final de 「が」 ni de 「を」.

⑤　田中さんの欠席を部長に伝えてください。

　　　Por favor, informe al jefe de división sobre la ausencia del Sr. Tanaka.

⑥　大学院で医学の研究をするつもりです。

　　　Tengo la intención de hacer investigaciones médicas en la escuela de posgrado.

## 7. …だろう・…だろうと思う （conjetura）

```
V      ⎫ forma sencilla ⎫
Aい    ⎭                 ⎬ ＋ だろう
Aな    ⎫ forma sencilla ⎪
S      ⎭ －だ            ⎭
```

(1) 「…だろう」es la forma sencilla de「…でしょう」y se usa en oraciones de estilo sencillo. Se usa para expresar la propia opinión de manera más especulativa que definitiva.

① アジアの経済はこれからますます発展するだろう。

　　Es probable que la economía de Asia se desarrolle aún más a partir de ahora.

② マリアさんの話を聞いて、ご両親もきっとびっくりされただろう。

　　Me imagino que los padres de María también se habrán sorprendido cuando escucharon su historia.

(2) En conversación, se suele agregar「と思う」y usarlo en la forma「…だろうと思う」.

③ 鈴木君はいい教師になるだろうと思います。

　　Pienso que el joven Suzuki llegará probablemente a ser un buen profesor.

④ この実験にはあと2、3週間はかかるだろうと思います。

　　Pienso que este experimento tardará probablemente otras dos o tres semanas.

Ref.　「～でしょう？（pedido de confirmación）」：
　　　7月に京都でお祭りがあるでしょう？　　　　　（☞『みんなの日本語初級Ⅰ』Lección 21）
　　　「～でしょう（conjetura）」：あしたは雪が降るでしょう。
　　　　　　　　　　　　　　　　　　　　　　　　（☞『みんなの日本語初級Ⅱ』Lección 32）

## 話す・聞く

### …から、～てください

**V (forma de cortesía) ＋ から、V てください**

Cuando se usa en este contexto,「…から」no indica una razón.「…から」indica cierta información que es un requisito para la solicitud o la instrucción que viene a continuación.

① お金を入れるとボタンに電気がつきますから、それを押してください。

　　Si usted inserta el dinero, el botón se encenderá. Por eso, presiónelo, por favor.

② 10分ぐらいで戻ってきますから、ここで待っていてくれますか。

　　Vuelvo en unos 10 minutos. Por eso, ¿me podría esperar aquí?

## 読む・書く

### が／の

Se puede sustituir por 「の」el「が」del sujeto de una oración que describe a un sustantivo.

① 留学生 ｛が／の｝ かいた絵を見ました。

 Ví los cuadros que pintaron los estudiantes extranjeros.

② 田中さん ｛が／の｝ 作ったケーキはとてもおいしかった。

 El pastel que hizo el Sr. Tanaka estuvo muy sabroso.

# Lección 6

## 1. (1) …て…・…って… (alusión)

**O (forma sencilla) ＋ て／って…**

En el lenguaje hablado,「と」, que se utiliza para hacer alusión a algo, se puede convertir en「て」o「って」.

① 田中さんは昨日何て言っていましたか。　←「と」

　　¿Qué dijo ayer el Sr. Tanaka?

　　…今日は休むって言っていました。　←「と」

　　Dijo que hoy iba a descansar.

② 店の前に「本日休業」って書いてありました。　←「と」

　　Había un letrero en el frente de la tienda que tenía escrito "Cerrado hoy".

「という」en「～という名前を持つ人／もの／ところ」también se puede convertir en「って」.

③ 昨日、田山って人が来ましたよ。　←「という」

　　Ayer vino una persona cuyo nombre es Tayama.

## 1. (2) ～って… (tema)

**O (forma sencilla)**
**S forma sencilla　－だ** ＋ って…

「Xって」la usa el que habla para preguntar sobre X que no conoce muy bien, o cuando describe las cualidades y las características de X.

① ねえ、函館って、どんな町？　Oye, ¿que tipo de ciudad es Hakodate?

② メンタルトレーニングっておもしろい！　¡Este entrenamiento mental es interesante!

## 2. (1) ～つもりはない (intención negativa)

**Forma V dicc ＋ つもりはない**

(1)「～つもりはない」es la forma negativa de「～つもりだ」y significa "no tener intención de ...".

① 卒業後は就職するつもりです。大学院に行くつもりはありません。

　　Cuando me gradúe tengo la intención de buscar trabajo. No tengo intención de ir a la escuela de posgrado.

② 仕事が忙しいので、今夜のパーティーに出るつもりはない。

　　Estoy ocupado con el trabajo, así que no tengo intención de ir a la fiesta de esta noche.

「Vつもりはない」se puede cambiar a「そのつもりはない」si se conocen los detalles de lo que indica V.

③ A：1週間(しゅうかん)くらい休(やす)みを取(と)ったらどうですか。

¿Qué te parecería tomar un descanso de aproximadamente una semana?

B：いえ、そのつもりはありません。　No, no tengo la intención de hacerlo.

(2) Las dos formas negativas de「～つもりだ」son「～つもりはない」y「～ないつもりだ」.「～つもりはない」es una forma negativa más fuerte y se utiliza para negar vivamente lo que ha dicho alguien.

④ 新(あたら)しいコンピューターが発売(はつばい)されました。いかがですか。

Han empezado a vender una nueva computadora. ¿Qué le parece?

…コンピューターは持(も)っているから ｛○買(か)うつもりはない／×買(か)わないつもりだよ。｝

Ya poseo una, por eso no tengo ninguna intención de comprar otra.

## 2. (2) ～つもりだった (intención pasada)

Forma V dicc  
Forma V ない －ない ｝ ＋ つもりだった

(1)「～つもりだった」es el pasado de「～つもりだ」y significa "tenía la intención de ...".

① 電話(でんわ)するつもりでしたが、忘(わす)れてしまいました。すみません。

Tenía la intención de llamarle por teléfono, pero lo he olvidado. Discúlpeme.

(2) A menudo le siguen palabras que expresan un cambio de opinión.

② パーティーには行(い)かないつもりでしたが、おもしろそうなので行(い)くことにしました。

No tenía la intención de ir a la fiesta, pero decidí hacerlo porque me pareció que iba a ser divertida.

Ref.　「～つもりだ（intención）」：国(くに)へ帰(かえ)っても、柔道(じゅうどう)を続(つづ)けるつもりです。

(☞『みんなの日本語初級Ⅱ』Lección 31)

## 2. (3) ～たつもり・～ているつもり

Forma V た  
V ている  
A い       } + つもり  
A な  －な  
S の

「X たつもり／X ているつもり」indica que el agente piensa que algo es X. Sin embargo, en la realidad, podría ser que no fuese X en absoluto o que se desconozca por completo si es o no es X.

① 外国語を練習するときは、小さな子どもになったつもりで、大きな声を出してみるといい。

　　Al practicar un idioma extranjero, lo mejor es tratar de pronunciarlo en voz alta, como si uno fuera un niño.

② かぎがかかっていませんでしたよ。　No estaba cerrado con llave, ¿lo sabías?

　…すみません、かけたつもりでした。

　　Perdón, creía que había cerrado.

③ わたしは一生懸命やっているつもりです。

　　Creo que estoy haciendolo con todo mi esfuerzo.

④ 若いつもりで無理をしたら、けがをしてしまった。

　　Me causé una herida por tratar de esforzarme como si aún fuera jóven.

⑤ 本当の研究発表のつもりで、みんなの前で話してください。

　　Por favor, hable frente a todos como si estuviera haciendo una presentación real de un estudio.

**Ref.**　「Forma V dicc つもりです（intención de actuar）」：
　　　国へ帰っても、柔道を続けるつもりです。　　　(☞『みんなの日本語初級Ⅱ』Lección 31)

## 3. ～てばかりいる・～ばかり～ている

**(1) Forma V て + ばかりいる**

**(2) S ばかり + V$_t$ ている**

(1) Indica que una acción se ejecuta de manera habitual o repetitiva y que la persona que habla se muestra crítica o insatisfecha con esa situación.

① この猫は一日中、寝てばかりいる。

　　Casi lo único que hace este gato es dormir todo el día.

② 弟はいつもコンピューターゲームをしてばかりいる。

　　Casi lo único que hace mi hermano menor es jugar videojuegos.

(2) Con un verbo transitivo,「ばかり」puede venir inmediatamente después del asunto al que se hace alusión.
　③　弟はいつもコンピューターゲームばかりしている。

　　　Casi lo único que hace mi hermano menor es jugar videojuegos.

## 4. …とか…

S
O (forma sencilla) ＋ とか

(1)「…とか…とか」se usa cuando se enumeran varios ejemplos similares.
　①　最近忙しくて、テレビのドラマとか映画とか見る時間がありません。
　②　健康のためにテニスとか水泳とかを始めてみるといいですよ。

（☞『みんなの日本語初級Ⅱ』Lección 36)

(2) Se puede poner oraciones en「…」.
　③　子どものとき、母に「勉強しろ」とか「たくさん食べなさい」とかよく言われました。

　　　Cuando era niño, mi madre me decía a menudo "ponte a estudiar", "cómetelo todo" y otras cosas.

　④　今日のテストは「難しい」とか「問題が多すぎる」とか思った学生が多いようです。

　　　Parece ser que muchos estudiantes opinaron que el examen de hoy fue "difícil", "tenía muchas preguntas" y otras cosas.

　⑤　やせたいんです。どうしたらいいですか。

　　　Deseo adelgazar. ¿Qué debería hacer?

　　　…毎日水泳をするとか、ジョギングをするとかすればいいですよ。

　　　Sería bueno que nadaras o hicieras footing todos los días.

## 5. 〜てくる (aparición de una circunstancia)

**Forma V て ＋ くる**

「〜てくる」indica que ha ocurrido una nueva circunstancia y que, por consiguiente, algo se ha hecho patente.
　①　暗くなって、星が見えてきた。

　　　Oscureció y se empezaron a ver las estrellas.

　②　隣の家からいいにおいがしてきた。

　　　Un olor agradable vino flotando desde la casa vecina.

## 6. ～てくる (acercamiento)・～ていく (alejamiento)

**Forma V て +** { くる / いく }

「～てくる」y「～ていく」se agregan a los verbos que indican movimiento a fin de mostrar la dirección de ese desplazamiento.「～てくる」indica que el movimiento va hacia quien habla.「～ていく」, por su parte, indica que el movimiento se aleja de quien habla.

① 兄が旅行から帰ってきた。　Mi hermano mayor volvió de su viaje.
② 授業のあと、学生たちはうちへ帰っていった。
　　Los estudiantes regresaron a sus casas después de la clase.

## 読む・書く

### こ～ (pronombre demostrativo contextual)

En una oración,「こ」puede indicar algo que aparece posteriormente en ella.

① 新聞にこんなことが書いてあった。最近の日本人は家族みんなで休日にコンピューターゲームを楽しむそうだ。

　　Escribieron lo siguiente en un periódico: Parece ser que en la actualidad, las familias japonesas disfrutan juntas jugando videojuegos en los días de descanso.

Ref. 「あ～・そ～ (pronombre demostrativo contextual (conversación))」
　　　「そ～ (pronombre demostrativo contextual (escrito))」

(☞『みんなの日本語中級Ⅰ』Lección 5)

# Lección 7

## 1. (1) ～なくてはならない／いけない・～なくてもかまわない

Forma V ない
Aい　ーい → く
Aな　｝で
S

＋ ｛ なくてはならない／いけない
　　なくてもかまわない ｝

(1)「～なくてはならない／いけない」indica que「～」es obligatorio o definitivamente necesario. Lo mismo sucede con「～なければならない」.

① この薬は一日2回飲まなくてはならない。
　Esta medicina se debe tomar dos veces al día.
② レポートは日本語でなくてはなりません。　El informe debe ser en japonés.

(2)「～なくてもかまわない」indica que「～」no es necesario. Es una expresión más cortés que「～なくてもいいです」.

③ 熱が下がったら、薬を飲まなくてもかまわない。
　Una vez que haya bajado la fiebre, no hay problema si no toma la medicina.
④ 作文は長くなくてもかまいません。
　No es necesario que la composición sea larga.

Ref.「～なければならない（se debe hacer sin importar el deseo del ejecutante de la acción）」：薬を飲まなければなりません。

「～なくてもいい（no hay necesidad de ejecutar una acción）」：
あした来なくてもいいです。
（☞『みんなの日本語初級Ⅰ』Lección 17）

## 1. (2) ～なくちゃ／～なきゃ［いけない］

〈Cómo crear formas〉

Vなくてはいけない → Vなくちゃ［いけない］

Vなければいけない → Vなきゃ［いけない］

En el modo de conversación,「なくてはいけない」se puede volver「なくちゃいけない」, mientras que「なければいけない」se puede volver「なきゃいけない」. Asimismo, se puede omitir「いけない」.

## 2. …だけだ・[ただ] …だけでいい

(1) S ＋ だけ

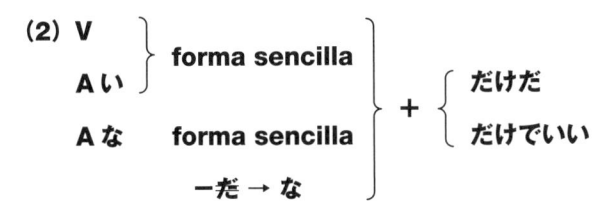

(2) V ｝ forma sencilla
Aい ｝
Aな forma sencilla ｝ ＋ ｛ だけだ / だけでいい ｝
ーだ → な

(1)「〜だけ」se agrega a un sustantivo para indicar un límite.
  ① 外国人の社員は一人だけいます。　Sólo hay un empleado extranjero.
  ② 休みは日曜日だけです。　Sólo se descansa los domingos.
  (☞『みんなの日本語初級Ⅰ』Lección 11)

(2) Un verbo o un adjetivo puede preceder a「…だけ」, creando un predicado.
  ③ 何をしているの？…ただ、本を読んでいるだけです。
     ¿Qué estás haciendo?　Sólo estoy leyendo un libro.
  ④ 病気ですか？…ちょっと気分が悪いだけです。
     ¿Estás enfermo?　No, solo me siento un poco indispuesto.

(3)「…するだけでいい」indica que sólo es necesario ejecutar una acción específica「…すること」y nada más.
  ⑤ 申し込みはどうするんですか？…この紙に名前を書くだけでいいんです。
     ¿Cómo se hace la solicitud?
     Sólo necesita escribir su nombre en este papel.

## 3. …かな (partícula de final de oración)

V ｝ forma sencilla
Aい ｝
Aな ｝ forma sencilla ｝ ＋ かな
S ｝ ーだ

(1)「…かな」se usa para hacer una pregunta que no exige una respuesta.「…」es la forma sencilla.
  ① A：お父さんの誕生日のプレゼントは何がいいかな。
     ¿Qué sería bueno regalarle a mi padre en su cumpleaños?
     B：セーターはどうかな。　¿Podría ser un suéter?

(2) Si se utiliza「…ないかな」para una invitación o una petición, adquiere un efecto suavizante, haciendo que ésta sea menos directa.

② A：明日みんなで桜を見に行くんですが、先生もいっしょにいらっしゃらないかなと思いまして。

　　　Mañana vamos a ir todos a ver los cerezos en flor. Profesor, ¿no le gustaría ir junto con nosotros?

　　B：桜ですか。いいですね。　¿Los cerezos en flor? Sería bueno.

③ A：3時までにこの資料を全部コピーしなければならないんだけど、手伝ってくれないかな。

　　　Debo terminar de copiar todos estos documentos antes de las 3 de la tarde. ¿Podrías ayudarme?

　　B：いいよ。　No hay problema.

## 4. (1) 〜なんか…

S ＋ なんか

「〜なんか」 indica que la persona que habla menosprecia a 「〜」, dándole poca importancia. Es semejante a 「など」, pero 「〜なんか」 se usa en conversación.

① わたしの絵なんかみんなに見せないでください。絵が下手なんです。

Por favor no andes enseñando cosas como mis pinturas a toda la gente. No soy bueno para pintar.

## 4. (2) …なんて…

V
Aい　　forma sencilla
Aな　　　　　　　　＋ なんて
S

(1) 「X なんて Y」también indica que la persona que habla menosprecia a X y le da poca importancia. Es semejante a 「など」, pero 「X なんて」 se usa en conversación.

① わたしの絵なんてみんなに見せないでください。絵が下手なんです。

Por favor no andes enseñando cosas como mis pinturas a toda la gente. No soy bueno para pintar.

(2) Del mismo modo, 「X なんて」 se puede usar para expresar negativamente sobre X o para mostrar sorpresa con respecto a X. Se usa en conversación.

② 昨日、大江さんという人から電話があったよ。

Ayer te llamó alguien llamado Oe.

　…大江なんて（人）知りませんよ、わたし。　¡Yo no conozco a ningún Oe!

③ 先生が3年も前に事故にあって亡くなったなんて、知りませんでした。

No sabía que nuestro profesor había muerto en un accidente de tráfico hace tres años.

④ 試験に一度で合格できたなんて、びっくりしました。

¡Quedé sorprendido de haber aprobado el examen en el primer intento!

⑤ ミラーさんがあんなに歌がうまいなんて、知りませんでした。

¡No sabía que el Sr. Miller era tan bueno para cantar!

「なんて」se usa después de un verbo o un adjetivo, como en ③, ④ y ⑤. En este caso no se puede usar「なんか」.

## 5. (1) ～（さ）せる (causativo emocional)

〈Cómo crear formas〉

**V<sub>i</sub>**（verbo que indica emoción）＋（さ）せる

Además de utilizarse para expresar una orden a otra persona para que haga algo, la forma causativa「～（さ）せる」se usa para evocar una emoción. En este caso, se utiliza un verbo intransitivo que indica emoción, como「泣く、びっくりする、楽しむ、驚く (llorar, sorprenderse, disfrutar, alarmarse)」y la persona en la que se despierta la emoción se indica con「を」.

① 殴って、弟を泣かせたことがある。

Ha habido ocasiones en que he golpeado a mi hermano menor y lo he hecho llorar.

② テストで100点を取って、母をびっくりさせた。

Sorprendí a mi madre al obtener 100 puntos en el examen.

Ref. 「～（さ）せる（causativo）」：部長は加藤さんを大阪へ出張させます。

(☞『みんなの日本語初級Ⅱ』Lección 48)

## 5. (2) ～（さ）せられる・～される (pasivo del causativo emocional)

〈Cómo crear formas〉

**V<sub>i</sub>** ＋（さ）せられる／される

El causativo emocional también se puede usar en pasivo.

① 何度買っても宝くじが当たらず、がっかりさせられた。

Aunque haya comprado varias veces billetes de lotería, no me la saqué y siempre me quedé decepcionado.

② 子どもが書いた作文はすばらしく、感心させられた。

La composición que escribió el niño fue maravillosa y quedé impresionado.

En este caso indica que se ha despertado una fuerte emoción de alarma, tristeza, decepción y admiración.

Ref. 「～（さ）せる（causativo）」：部長は加藤さんを大阪へ出張させます。
(☞『みんなの日本語初級Ⅱ』Lección 48)

「～（ら）れる（pasivo）」：わたしは先生に褒められました。
(☞『みんなの日本語初級Ⅱ』Lección 37)

「～（さ）せられる（causativo-pasivo）」：太郎君は先生に掃除をさせられました。
(☞『みんなの日本語中級Ⅰ』Lección 4)

## 6. …なら、…

$$\left.\begin{array}{l} V \\ A い \end{array}\right\} \text{forma sencilla}$$
$$\left.\begin{array}{l} A な \\ S \end{array}\right\} \begin{array}{l}\text{forma sencilla} \\ -だ\end{array} \Bigg\} + なら$$

「X なら Y」 se usa para recomendar a alguien que haga Y cuando esa persona piensa hacer X o se encuentra en una situación (X), así como pedir informaciones (Y) sobre X a alguien. X puede ser un sustantivo, un verbo o un adjetivo.

「なら」 se agrega a la forma sencilla. Sin embargo, cuando X termina en un adjetivo な o en un sustantivo, se emplea 「adjetivo な/sustantivo ＋なら」.

① パソコンを買いたいんですが。
　…パソコンならパワー電気のがいいですよ。　　(☞『みんなの日本語初級Ⅱ』Lección 35)

② ワインを買うなら、あの酒屋に安くておいしいものがあるよ。

　Si vas a comprar vino, en esa licorería hay productos baratos y sabrosos.

③ 日曜大工でいすを作るなら、まず材料に良い木を選ばなくてはいけません。

　Si usted mismo va a hacer una silla, primero debe elegir un buen material de madera.

④ 頭が痛いなら、この薬を飲むといいですよ。

　Si le duele la cabeza, debe tomar esta medicina.

⑤ 大学院への進学のことを相談するなら、どの先生がいいかな。

　Si voy a pedir un consejo sobre estudios en el colegio de posgrado, ¿con qué profesor debería hacerlo?

## 読む・書く

### ～てくれ

(1) 「Ｖてくれ」se usa para instruir algo o pedirlo indirectamente a alguien. Al instruir o pedir algo directamente, se emplea 「～てください」．

① 田中さんはお母さんに「7時に起こしてください」と言いました。

El Sr. Tanaka dijo a su madre "por favor, despiertame a las 7 de la mañana".

→ 田中さんはお母さんに何と言いましたか。

¿Qué le dijo el Sr. Tanaka a su madre?

…7時に起こしてくれと言いました。

Le dijo que lo despertara a las 7 de la mañana.

(2) Ｖてくれ se usa para hacer una petición a un subalterno y lo usan principalmente los hombres.

② 部長：田中君、この資料をコピーして来てくれ。

Jefe de división: Oye Tanaka, cópiame estos documentos por favor.

# Lección 8

**1. (1) (2)** ～あいだ、…・～あいだに、…

$$\left.\begin{array}{l}\text{Vている}\\\text{Sの}\end{array}\right\} + \left\{\begin{array}{l}\text{あいだ}\\\text{あいだに}\end{array}\right.$$

(1) En una situación donde tanto X como Y se mantienen durante un cierto período de tiempo, 「X あいだ、Y」muestra que Y es simultáneo a X.

① 電車に乗っているあいだ、本を読んでいた。

　　Mientras viajaba en el tren iba leyendo un libro.

② 夏休みのあいだ、ずっと国に帰っていた。

　　Durante las vacaciones de verano, lo pasé todo el tiempo en mi país natal.

(2) En el caso de 「X あいだに、Y」, X es una situación que se mantiene por cierto tiempo y Y es un suceso, mostrando que Y ha surgido mientras X continúa.

③ 食事に出かけているあいだに、部屋に泥棒が入った。

　　Un ladrón entró a mi habitación mientras había salido a comer.

④ 旅行のあいだに、アパートに泥棒が入った。

　　Un ladrón entró en mi apartamento mientras yo estaba de vacaciones.

Ref. 「あいだ (posición)」：郵便局は銀行と本屋のあいだ（間）にあります。

(☞『みんなの日本語初級Ⅰ』Lección 10)

**2. (1) (2)** ～まで、…・～までに、…

$$\left.\begin{array}{l}\text{S}\\\text{Forma V dicc}\end{array}\right\} + \left\{\begin{array}{l}\text{まで}\\\text{までに}\end{array}\right.$$

(1) En 「X まで Y」, X indica el límite final de Y, mientras que Y es una acción o situación continua.

① 3時までここにいます。

② 毎日9時から5時まで働きます。

(☞『みんなの日本語初級Ⅰ』Lección 4)

　　X puede ser un suceso en lugar de un momento.

③ 先生が来るまで、ここで待っていましょう。

　　Esperemos aquí hasta que venga el profesor.

(2) En 「XまでにY」, X también es un límite, pero Y no es una acción o situación continua; se trata de un suceso único. Muestra que Y ocurre antes que X.

④ 3時までに帰ります。　　　　　　　　　　　　（☞『みんなの日本語初級Ⅰ』Lección 17）

⑤ 先生が来るまでに、掃除を終わらせた。

Terminamos la limpieza antes de que llegara el profesor.

## 3. ～た～ (modificador de sustantivo)

**Forma V た + S**

(1) Cuando se modifica un sustantivo mediante el uso de una forma verbal ている que indica el surgimiento de una situación como resultado de la terminación de una acción o cambio, puede ser sustituida por la forma た.

① 田中さんは眼鏡をかけています。　→　眼鏡をかけた田中さん

El Sr. Tanaka usa gafas. → El Sr. Tanaka, que usa gafas.

② 線が曲がっている。　→　曲がった線　La linea es curva. → Línea curva.

(2) En caso de que se modifique un sustantivo mediante una forma verbal ている que indica una acción vigente, el significado cambia si se sustituye por la forma た.

③ 山下さんは本を読んでいます。　≠　本を読んだ山下さん

El Sr. Yamashita está leyendo　　　El Sr. Yamashita, que leyó un libro.
un libro.

④ 東京電気で働いている友達　≠　東京電気で働いた友達

Mi amigo, que trabaja en Tokyo　　Mi amigo, que trabajó en Tokyo Electric.
Electric.

Ref. 「ている（indica la situación de un resultado）」：窓が割れています。

（☞『みんなの日本語初級Ⅱ』Lección 29）

## 4. ～によって…

**S + によって**

En 「XによってY」, Y indica que ocurren múltiples cambios dependiendo del tipo de X. El predicado de Y viene frecuentemente con 「違う」(diferir), 「変わる」(cambiar), 「さまざまだ」(variar/ser variado), etc.

① 好きな食べ物は人によって違う。

Los alimentos favoritos difieren dependiendo de cada persona.

② 季節によって景色が変わる。　El paisaje cambia dependiendo de la estación.

## 5. 〜たまま、… ・ 〜のまま、…

```
Forma V た  ⎫
            ⎬ + まま
S の        ⎭
```

「V たまま Y ／ S のまま Y」 indica que「se ejecuta Y en una situación posterior a una acción V」o que「se ejecuta Y en una situación de S」. Se utiliza en casos donde Y no se ejecuta por lo general en la situación X.

① 眼鏡をかけたまま、おふろに入った。

   Entré en el baño con las gafas puestas.

② 昨夜の地震にはびっくりして、下着のまま、外に出た。

   Estaba tan asustado por el terremoto que salí en ropa interior.

## 6. …からだ (causa/razón)

**(1) O (forma sencilla) + からだ**

**(2) O (forma sencilla) + のは、O (forma sencilla) + からだ**

(1) Es una forma de describir la causa o la razón de un suceso. Se usa al contestar a una pregunta sobre el motivo de que haya ocurrido algo, agregando「から」a la forma sencilla.

① どうして医者になりたいんですか。 ¿Por qué deseas ser médico?
   …医者は人を助けるすばらしい仕事だからです。

   Porque ser médico es un trabajo maravilloso en el que se ayuda a la gente.

(2) Cuando se describe primero el resultado y después la razón de ello, la oración se vuelve「…(forma sencilla) ＋のは、…(forma sencilla) ＋からだ」.

② 急にドアが開いたのは、だれかがボタンを押したからだ。

   La puerta se ha abierto de pronto porque alguien oprimió el botón.

Aunque「…ので」indica una razón, no se puede usar las maneras arriba mencionadas, así que no se puede decir「…のでだ／…のでです」.

**Ref.** 「…から (razón: hacer una oración mediante el enlace de dos oraciones)」:

時間がありませんから、新聞を読みません。　　　(☞『みんなの日本語初級 I』Lección 9)

### 話す・聞く

#### 髪／目／形 (cabello/ojos/aspecto) をしている

Esta es una expresión que se usa para describir la característica visual de personas u objetos.

① リンリンちゃんは長い髪をしています。　La pequeña Lin Lin tiene cabello largo.
② この人形は大きい目をしています。　Esta muñeca tiene ojos grandes.
③ このパンは帽子みたいな形をしている。　Este pan tiene una forma parecida a un sombrero.

# Lección 9

## 1. お～ですます

Esta es la expresión de respeto para la forma 「～している」 de un verbo. Se usa como una manera respetuosa de describir una acción actual o la situación que prevalece como resultado de una acción.

① 何をお読みですか。　¿Me permite preguntarle qué está leyendo?
　＝ 何を読んでいますか。　¿Qué está leyendo?

② いい時計をお持ちですね。　Perdone mi atrevimiento, pero tiene usted un bonito reloj.
　＝ いい時計を持っていますね。　Tiene usted un reloj bonito.

Con un verbo que indica situación, se usa como una manera respetuosa para describir la situación actual.

③ 時間がおありですか。　Perdone, ¿dispone usted de tiempo?
　＝ 時間がありますか。　¿Tiene usted tiempo?

Asimismo, cuando se trata de verbos que indican generalmente salida o llegada, dependiendo de la situación, se puede usar como una forma respetuosa de una acción del futuro o del pasado.

④ 部長は何時にお着きですか。　¿A qué hora llega el jefe de división?
　＝ 部長は何時に着きますか。　¿A qué hora llega el jefe de división?

⑤ (夕方、隣の家の人に会って) 今、お帰りですか。
　(Al ver a un vecino por la tarde) ¿Ha vuelto usted a casa ahora?
　＝ 今、帰りましたか。　¿Ha vuelto usted a casa ahora?

No obstante, con los siguientes verbos adquiere una forma especial.

⑥ 行く・いる・来る　(ir/estar/venir) → おいでです
　来る　(venir) → お越しです・お見えです
　食べる　(comer) → お召し上がりです
　着る　(vestirse) → お召しです
　寝る　(dormir) → お休みです
　住んでいる　(vivir) → お住まいです
　知っている　(saber/conocer) → ご存じです

## 2. ～てもかまわない

```
Forma V て
A い  －い → くて      ⎫
                        ⎬ ＋ もかまわない
A な  ⎫                 ⎪
  S   ⎭ ＋ で           ⎭
```

「～てもかまわない」indica autorizar o dar permiso a alguien para que haga algo. En una oración interrogativa se usa a fin de pedir permiso para hacer algo. Significa lo mismo que「～てもいい」, pero es más formal.

① ここに座ってもかまいませんか。　¿Le molestaría que me siente aquí?
② 間に合わなかったら、あしたでもかまいません。
　　Si no tiene tiempo, lo puede hacer incluso mañana.

Ref. 「～てもいい（permiso）」：写真を撮ってもいいです。

(☞『みんなの日本語初級Ⅰ』Lección 15)

## 3. …ほど～ない・…ほどではない（comparación）

```
(1)  S              ⎫          ⎧ A い  －い → く ＋ ない
     V forma sencilla ⎬ ほど   ⎨
                    ⎭          ⎩ A な  －だ → ではない

(2)  S              ⎫
     V forma sencilla ⎬ ほどではない
                    ⎭
```

(1)「A は B ほど X ではない」indica que tanto A como B son X, pero cuando se trata de una comparación, A es menos X que B.

① 中国は日本より広いが、ロシアほど広くはない。
　　China es más extensa que Japón, pero no tanto como Rusia.
② 八ヶ岳は有名な山だが、富士山ほど有名ではない。
　　Las montañas Yatsugatake son famosas, pero no tanto como el monte Fuji.
③ 田中先生は厳しいですか。　¿Es estricto el profesor Tanaka?
　　…ええ、でも、鈴木先生ほど厳しくないですよ。
　　Sí, pero no tanto como el profesor Suzuki.

Se puede usar "V（forma sencilla）" para B, como「思ったほど」,「考えていたほど」.

④ このレストランは人気があるそうだが、料理は思ったほどおいしくなかった。
　　Dicen que este restaurante es famoso, pero la comida no fue tan buena como yo esperaba.

(2) También se puede omitir X.

⑤ 10月に入って少し寒くなったが、まだコートを着るほどではない。

Al llegar octubre empezó a hacer un poco de frío, pero aún no tanto como para usar abrigo.

## 4. ～ほど～はない／いない (comparación)

S ほど { A い／A な －な } S ＋ はない／いない

「X ほど Y はない／いない」 significa que "X es lo mejor Y".

① スポーツのあとに飲むビールほどおいしいものはない。

No hay nada tan sabroso como la cerveza que se bebe después de hacer deporte.

② 田中さんほど仕事がよくできる人はいません。

Nadie puede hacer mejor el trabajo que el Sr. Tanaka.

③ この島で見る星ほど美しいものはありません。

No hay nada tan hermoso como las estrellas que se ven en esta isla.

④ 田中先生ほど親切で熱心な先生はいない。

No hay profesor tan amable y entusiasta como el profesor Tanaka.

⑤ アジアで『ドラえもん』ほどよく知られている漫画はありません。

En Asia no hay manga tan conocido como "Doraemon".

## 5. …ため[に]、…・…ためだ (causa/razón)

O（forma sencilla）
A い
A な －な
S の
＋ { ため [に] ／ ためだ }

En 「X ために、Y」, X es la causa o razón, y Y es lo que ha sucedido. Esta expresión se emplea al escribir y es más formal que「から」y「ので」. Si se indica primero el resultado Y, y la causa o razón X se da como predicado, la construcción se vuelve「Y(の)は X ためだ」.

① 大雪が降ったために、空港が使えなくなりました。

A causa de la intensa nevada, el aeropuerto ya no se puede utilizar.

② 空港が使えなくなったのは、大雪が降ったためです。

Fue debido a la intensa nevada que el aeropuerto ya no se puede utilizar.

## 6. ～たら／～ば、…た（uso en situación hipotética）

Vたら／Vば、…た

Aい －い → かったら／ければ、  
Aな ＋だったら／なら、 }…た

Esta expresión se utiliza cuando se plantean hipótesis sobre lo que podría haber ocurrido si un suceso hubiera ocurrido. La oración termina con la expresión de conjetura o「のに」, etc.

① もし昨日雨が降っていたら、買い物には出かけなかっただろう。

   Probablemente no habría salido de compras ayer si hubiera estado lloviendo.

② お金があれば、このパソコンが買えたのに。

   Si hubiera tenido dinero, podría haber comprado esta computadora.

③ この間見たパソコン、買ったんですか。

   ¿Compraste la computadora que viste el otro día?

   …いいえ、もう少し安ければ、買ったんですが……。

   No, la habría comprado si hubiera sido un poco más barata, pero...

Ref. 「～たら（hipotético）」：お金があったら、旅行します。

   「～たら（algo que ocurrirá seguramente en el futuro）」：
   10時になったら、出かけましょう。　　　（☞『みんなの日本語初級Ⅰ』Lección 25）

   「～ば（condicional）」：ボタンを押せば、窓が開きます。
   　　　　　　　　　　　　　　　　　　　　（☞『みんなの日本語初級Ⅱ』Lección 35）

# Lección 10

**1. (1)** ┃…はずだ┃

```
V
Aい    } forma sencilla
Aな    forma sencilla              } + はずだ
       ーだ → な
S      forma sencilla
       ーだ → の
```

「…はずだ」muestra que quien habla cree firmemente en que algo es verdad, basándose en cálculos, conocimientos previos o lógica.

① 飛行機で東京まで1時間だ。2時に大阪を出発すれば3時には着くはずだ。

En avión tardamos una hora hasta Tokio. Se supone que si salimos de Osaka a las 2 de la tarde, llegaríamos a las 3.

② 薬を飲んだから、もう熱は下がるはずだ。

Como he tomado la medicina, se supone que la fiebre ya debería estar bajando.

③ 子どもが8人もいたから、生活は楽ではなかったはずだ。

Como tuvo ocho hijos, su vida no debe haber sido fácil.

「はず」se usa como un sustantivo en expresiones como「はずなのに」,「はずの」y「そのはず」.

④ 山田さんは来ますか。　¿Viene el Sr. Yamada?

　…はい、そのはずです。　Sí, supongo que sí.

Ref. 「…はずだ」:

　　ミラーさんは今日来るでしょうか。

　　…来るはずですよ。昨日電話がありましたから。　（☞『みんなの日本語初級Ⅱ』Lección 46）

## 1．(2) …はずが／はない

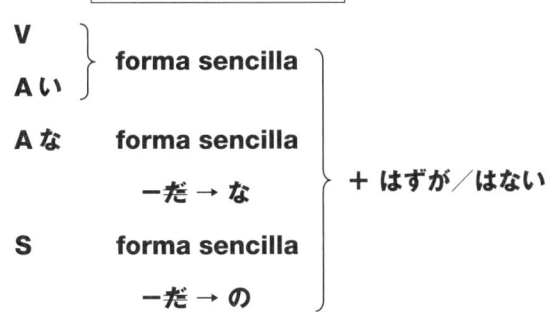

V  
Aい　forma sencilla  

Aな　forma sencilla  
　　　－だ → な　　　＋ はずが／はない  

S　forma sencilla  
　　　－だ → の  

「はずがない／はずはない」, la forma negativa de「はずだ」, significa "improbable" o "imposible". Se usa para negar con firmeza algo, basándose en razones de peso.

① あんなに練習したんだから、今日の試合は負けるはずがない。

　Han entrenado tanto que es imposible que hoy pierdan el partido.

② 人気がある映画なのだから、おもしろくないはずはありません。

　Se trata de una película de mucho éxito, así que no puede ser aburrida.

③ 階段の前に1週間前から赤い自転車が置いてある。ワットさんも赤い自転車を持っているが、今修理に出してある。だからこの自転車はワットさんの自転車のはずがない。

　Desde hace una semana alguien dejó una bicicleta roja frente a las escaleras. El Sr. Watt tiene una bicicleta roja, pero ahora la están reparando. Por consiguiente, es improbable que sea la bicicleta del Sr. Watt.

Cabe aclarar que al negar lo que alguien dijo, dando a entender que "eso no es cierto", se emplea la expresión「そんなはずはない」.

④ かぎがかかっていなかったよ。　¡La puerta no estaba cerrada con llave!

　…そんなはずはありません。　¡Eso es imposible!

## 1．(3) …はずだった

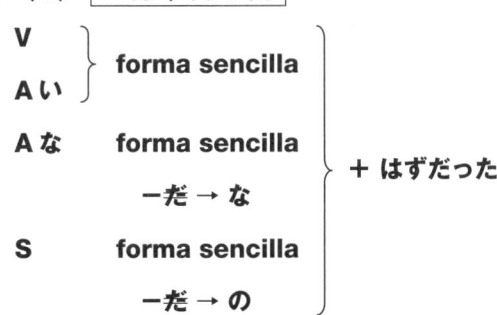

V  
Aい　forma sencilla  

Aな　forma sencilla  
　　　－だ → な　　　＋ はずだった  

S　forma sencilla  
　　　－だ → の  

「…はずだった」, el pasado de「…はずだ」, indica que quien habla está pensando que algo ocurrirá sin duda. Se usa con mucha frecuencia cuando algo ha resultado ser diferente de lo esperado.

① 旅行に行くはずだった。しかし、病気で行けなくなった。

Pensaba salir de viaje, pero me enfermé y no pude ir.

② パーティーには出ないはずだったが、部長が都合が悪くなったので、わたしが出席することになった。

Pensaba no asistir a la fiesta, pero el jefe de división tuvo otro compromiso y yo tuve que ir en su lugar.

Ref. 「…はずだ」:
ミラーさんは今日来るでしょうか。
…来るはずですよ。昨日電話がありましたから。 (☞『みんなの日本語初級Ⅱ』Lección 46)

## 2. …ことが／もある

Forma V dicc
Forma V ない －ない
A い
A な －な
S の
⎫
⎬
⎭ ＋ことが／もある

(1) 「ことがある・こともある」significa que "X sucede ocasionalmente" o que "a veces se presenta una situación X".

① 8月はいい天気が続くが、ときどき大雨が降ること {が／も} ある。

En agosto hace buen clima, pero ocasionalmente llueve mucho.

② 母の料理はいつもおいしいが、ときどきおいしくないこと {が／も} ある。

La comida de mi madre siempre es sabrosa, pero a veces no lo es.

③ このスーパーはほとんど休みがないが、たまに休みのこと {が／も} ある。

Este supermercado casi nunca descansa, pero ocasionalmente lo hace.

(2) 「ことがある」y「こともある」、en la mayoría de los casos, se utilizan con el mismo significado.

④ このエレベーターは古いから、たまに止まること {が／も} ある。

Este ascensor es viejo, así que a veces se detiene.

⑤ 彼女の電話はいつも長いが、たまには短いこと {が／も} ある。

Ella siempre hace largas llamadas telefónicas, pero, a veces son cortas.

⑥ うちの子どもたちはとても元気だが、1年に何度か熱を出すこと {が／も} ある。
　　Nuestros hijos siempre están sanos, pero algunas veces al año les da fiebre.

Ref. 「forma V た ＋ ことがある（experiencia）」：
　　わたしはパリに行ったことがあります。　　　（☞『みんなの日本語初級Ⅰ』Lección 19）

## 3. ~た結果、…・~の結果、…

Forma V た ｝
S の　　　 ｝ ＋ 結果（resultado）、…

Esto muestra que una acción 「～」 ocurrió y resultó en un suceso posterior 「…」. Se utiliza principalmente en lenguaje escrito, pero a menudo se escucha en los noticieros de la televisión o la radio.

① {調査した／調査の} 結果、この町の人口が減ってきていることがわかりました。
　　Los resultados {de la investigación realizada/de la investigación} muestran que la población de esta localidad está descendiendo.

② 両親と {話し合った／の話し合いの} 結果、アメリカに留学することに決めました。
　　Como resultado {de haber hablado/de la conversación} con mis padres, decidí ir a estudiar a los Estados Unidos.

## 4. (1) ~出す（verbos compuestos）

La「forma V ます ＋ 出す」significa que "está empezando una acción (V)".

Ej.：泣き出す (romper a llorar), （雨が）降り出す (empezar a llover), 動き出す (empezar a moverse), 歩き出す (empezar a caminar), 読み出す (empezar a leer), 歌い出す (empezar a cantar), 話し出す (empezar a hablar)

① 急に雨が降り出した。　De pronto empezó a llover.

「forma V ます ＋ 出す」no se puede usar para sugerir o pedir a alguien que haga algo.

② 先生がいらっしゃったら、{○食べ始めましょう／×食べ出しましょう}。(invitación)
　　Empecemos a comer cuando llegue el profesor.

③ 本を {○読み始めてください／×読み出してください}。(solicitud)
　　Empiece a leer el libro, por favor.

## 4. (2) 〜始める・〜終わる・〜続ける （verbos compuestos）

Muestran el inicio, el final y la continuación de una acción (V).

① 雨は3時間くらい続きましたが、電話がかかってきたのは、｛○雨が降り始めた／×雨が降った｝ときでした。

La lluvia duró unas tres horas, pero, cuando estaba empezando, llamaron por teléfono.

② 宿題の作文を｛○書き終わる／×書く｝前に、友達が遊びに来た。

Mis amigos vinieron a verme antes de que terminara mi tarea de composición.

③ 5分間走り続けてください。　Por favor, manténgase corriendo cinco minutos.

## 4. (3) 〜忘れる・〜合う・〜換える （verbos compuestos）

(1)「Forma V ます＋忘れる」significa "olvidar hacer una acción (V)".

① 今日の料理は塩を入れ忘れたので、おいしくない。

Hoy la comida no es sabrosa porque se me olvidó ponerle sal.

(2)「Forma V ます＋合う」significa que "varias personas o cosas hacen una acción (V) mutuamente".

② 困ったときこそ助け合うことが大切だ。

Es importante que nos ayudemos unos a otros precisamente cuando hay problemas.

(3)「Forma V ます＋換える」significa "cambiar al hacer una acción (V)" o "hacer una acción (V) a través de un cambio".

③ 部屋の空気を入れ換えた。

Dejé que entrara aire fresco a la habitación.

④ 電車からバスに乗り換えた。　Transbordé del tren al autobús.

### 読む・書く

#### …ということになる

「…ということになる」se usa para resumir varios datos y mostrar el resultado (…).

① 申し込む学生が10人以上にならなければ、この旅行は中止ということになる。

Si no se inscriben por lo menos 10 estudiantes, el viaje se cancelará.

② 今夜カレーを食べれば、3日続けてカレーを食べたということになる。

Si esta noche cenamos curry, significa que comemos lo mismo por tres días consecutivos.

# Lección 11

1. **～てくる・～ていく（cambio）**

    (1) 「～てくる」indica la transición a una situación actual a través de un proceso de cambio.

    ① だんだん春らしくなってきました。　Poco a poco el clima se ha vuelto primaveral.

    (2) 「～ていく」indica que se está avanzando rumbo a un cambio futuro.

    ② これからは、日本で働く外国人が増えていくでしょう。

    　　Es probable que a partir de ahora aumente el número de extranjeros que trabajan en Japón.

    Ref. 「～てくる・～ていく（dirección de un movimiento）」：兄が旅行から帰ってきた。
    （☞『みんなの日本語中級Ⅰ』Lección 6）

2. **～たら［どう］？**

    V たら

    (1) 「～すること」se usa para hacer una sugerencia a alguien, indicándole de manera sencilla la opción que podría tomar.「～たらいかがですか」es la forma cortés de「～たらどう？」.

    ① A：今日は恋人の誕生日なんだ。　Hoy es el cumpleaños de mi novia.
    　 B：電話でもかけて｛あげたらどう／あげたらいかがですか｝？
    　　　¿Por qué no le llamas al menos?

    (2) 「～たらどう？」y「～たら？」se usan al hablar con un subalterno o con alguien de confianza, como un miembro de la familia o un amigo.

    ② A：少し熱があるみたい…。　Creo que tengo un poco de fiebre.
    　 B：薬を飲んで、今日は早く寝たら？
    　　　¿Qué te parece si tomas medicina y te duermes temprano hoy?

3. **…より…ほうが…（comparación）**

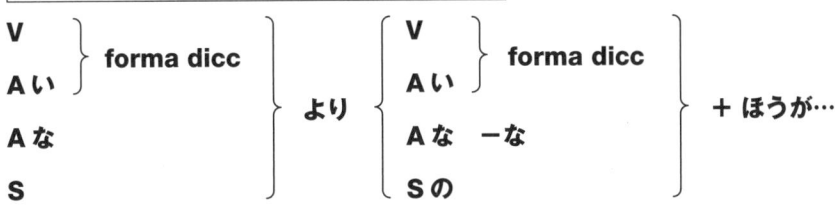

    | V | | | V | | | |
    | Aい | } forma dicc | より | Aい | } forma dicc | | |
    | Aな | | | Aな　－な | | + ほうが… |
    | S | | | Sの | | | |

(1) 「YよりXほうが…」se usa principalmente para responder a la pregunta 「XとYとではどちらが…ですか」.

① 北海道と東京とではどちらが寒いですか。

¿Dónde hace más frío, en Hokkaido o en Tokio?

…○ 北海道のほうが寒いです。　　Hokkaido es más frío.

　× 北海道は東京より寒いです。　Hokkaido es más frío que Tokio.

(2) 「YよりXほうが…」también se usa cuando no se responde a una pregunta. Entonces, el matiz enfatiza que "Usted piensa que "Y es más ... que X", pero lo cierto es que se trata de lo contrario".

② 今日は、北海道より東京のほうが気温が低かったです。

La temperatura en Tokio fue hoy más baja que en Hokkaido.

③ 漢字は見て覚えるより書いて覚えるほうが忘れにくいと思います。

Pienso que los ideogramas *kanji* son más difíciles de olvidar si se memorizan escribiéndolos que mirándolos.

④ パーティーの料理は少ないより多いほうがいいです。

En la fiesta es mejor que haya mucha comida en lugar de poca.

⑤ 子どもに食べさせる野菜は、値段が安いより安全なほうがいい。

Es mejor que las verduras que se dan a los niños sean seguras de comer en lugar de ser baratas.

Ref. 「～は～より（comparación）」：この車はあの車より大きいです。

「～がいちばん～（superativo relativo de algo indicado por un adjetivo）」：
日本料理［の中］で何がいちばんおいしいですか。

…てんぷらがいちばんおいしいです。　　　　　（☞『みんなの日本語初級Ⅰ』Lección 12）

## 4. ～らしい

### S らしい

「S₁ らしい S₂」indica que S₂ posee una cualidad o propiedad típica de S₁.

① 山本さんの家はいかにも日本の家らしい家です。

La casa de la Sra. Yamamoto es típicamente japonesa.

② 春らしい色のバッグですね。El color del bolso parece muy primaveral, ¿no es así?

③ これから試験を受ける会社へ行くときは学生らしい服を着て行ったほうがいいですよ。

A partir de ahora, cuando vayas a las empresas donde presentarás un examen, es mejor que vistas ropa apropiada al estudiante.

「Sらしい」también puede ser el predicado de una oración.

④ 今日の田中さんの服は学生らしいね。

    Sr. Tanaka usa hoy ropa apropiada al estudiante, ¿no es así?

⑤ 文句を言うのはあなたらしくない。　Quejarte no parece ser una característica tuya.

## 5. ⋯らしい (rumores/conjetura)

```
V  ⎫
Aい ⎬ forma sencilla  ⎫
Aな ⎬ forma sencilla  ⎬ + らしい
S  ⎭   —だ           ⎭
```

(1) 「⋯らしい」indica que 「⋯」es información leída o escuchada (un rumor).

① 新聞によると、昨日の朝中国で大きい地震があったらしい。

    Según el periódico, parece que ayer por la mañana hubo un fuerte terremoto en China.

② 雑誌で見たんだけど、あの店のケーキはおいしいらしいよ。

    Leí en una revista que las tartas de esa tienda son sabrosas.

③ 先生の話では、試験の説明は全部英語らしい。

    Según lo que dijo el profesor, parece que todas las explicaciones del examen son en inglés.

(2) 「⋯らしい」puede indicar que uno piensa que quizás algo sea verdad (una conjetura), basándose en información vista o escuchada.

④ パーティーが始まったらしい。会場の中からにぎやかな声が聞こえてくる。

    Parece que la fiesta ya ha empezado. Se escuchan voces alegres desde la sala.

⑤ 山田さんはずいぶんのどがかわいていたらしい。コップのビールを休まずに全部飲んでしまったよ。

    Parece que el Sr. Yamada estaba muy sediento. Se bebió su vaso de cerveza de un solo sorbo.

Ref. 「Sらしい (semejanza, ejemplo)」:

春らしい色のバッグですね。

## 6. ～として

**S として**

En「～として」,「～」indica una calificación, una postura o una perspectiva.

① 会社の代表として、お客さんに新しい商品の説明をした。

Como representante de la empresa, di a los clientes una explicación sobre nuevo producto.

② 東京は、日本の首都として世界中に知られている。

Tokio es conocido en todo el mundo como la capital de Japón.

## 7. (1) ～ず[に]… (circunstancias concomitantes, método)

**Forma V ない ＋ ず [に] …　（pero「～する」→「～せず」）**

「～ず[に]…」indica circunstancias concomitantes o métodos. Es lo mismo que「～ないで…」, pero se usa más en el estilo escrito que hablado.

① その男は先週の土曜日にこの店に来て、一言も話さず、酒を飲んでいた。

Ese hombre vino al bar el sábado pasado y estuvo bebiendo sin decir una palabra.

② 急いでいたので、かぎを｛かけずに／かけないで｝出かけてしまった。（circunstancia concomitante）

Como tenía prisa, salí sin cerrar con llave.

③ 辞書を｛使わずに／使わないで｝新聞が読めるようになりたい。（método）

Desearía poder leer el periódico sin necesidad de usar el diccionario.

## 7. (2) ～ず、… (causa/razón, parataxis)

**Forma V ない ＋ ず、…　（pero「～する」→「～せず」）**

(1)「～ず、…」indica una causa o razón. Es lo mismo que「～なくて、…」, pero se usa más en escritura.

① 子どもの熱が｛下がらず／下がらなくて｝、心配しました。

Estaba preocupado porque al niño no le bajaba la fiebre.

(2)「X ず、Y」se puede usar para unir oraciones o frases, como en「X ない。そして、Y。」(no X, sino Y).

② 田中さんは今月出張せず、来月出張することになりました。

El Sr. Tanaka no sale en viaje de negocios este mes, sino que lo hará el próximo mes.

Ref.　「～なくて（causa y efecto）」：家族に会えなくて、寂しいです。

(☞『みんなの日本語初級 II』Lección 39)

## 8. ～ている (experiencia/antecedentes)

(1) 「～ている」indica un hecho histórico, una experiencia o un antecedente. A menudo se usa junto con un adverbio que exprese frecuencia o duración como en 「～回」 (veces), 「長い間」(durante mucho tiempo), etc.

① この寺は今まで2回火事で焼けている。

Este templo se ha incendiado dos veces hasta ahora.

② 京都では長い間大きな地震が起こっていない。もうすぐ地震が来るかもしれない。

Durante mucho tiempo no ha habido fuertes terremotos en Kioto. Es probable que pronto ocurra uno.

(2) Esta clase de 「～ている」se puede usar cuando cierta acción ha sucedido en el pasado y ese hecho está relacionado de alguna manera con la situación actual del sujeto.

③ 田中さんは高校のときアメリカに留学している。だから、英語の発音がきれいだ。

El Sr. Tanaka ha estudiado el bachillerato en los Estados Unidos. Por esa razón, su pronunciación del inglés es tan buena.

Ref. 「～ている (acción continuada)」: ミラーさんは今電話をかけています。
(☞『みんなの日本語初級Ⅰ』Lección 14)

「～ている (situación resultante)」: サントスさんは結婚しています。
(☞『みんなの日本語初級Ⅰ』Lección 15)

「～ている (hábito)」: 毎朝ジョギングをしています。
(☞『みんなの日本語初級Ⅱ』Lección 28)

「～ている (situación resultante)」: 窓が割れています。
(☞『みんなの日本語初級Ⅱ』Lección 29)

**話す・聞く**

**〜なんかどう？**

「〜なんか」se usa para dar ejemplos apropiados a quien escucha. Implica que hay otras opciones a ser consideradas y se evita imponer su opinión.

① ［店で］これなんかいかがでしょうか。　［En una tienda］¿Qué le parece esto?

② A：次の会長はだれがいいかな。

　　　¿Quién podría ser el próximo presidente de la empresa?

　B：田中さんなんかいいと思うよ。

　　　Yo pienso que el Sr. Tanaka sería una buena opción.

La expresión「〜などどうですか」significa lo mismo, pero es un poco más formal.

# Lección 12

## 1. …もの／もんだから

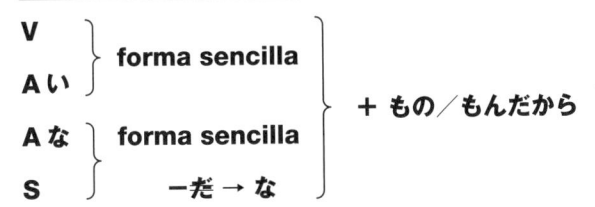

```
V      ⎫
Aい    ⎬  forma sencilla    ⎫
                            ⎬ ＋ もの／もんだから
Aな    ⎫  forma sencilla    ⎪
S      ⎬      －だ → な      ⎭
```

「…もの／もんだから」indica la causa o la razón de algo.

① 急いでいたものですから、かぎをかけるのを忘れてしまいました。

　　Como tenía prisa, se me olvidó cerrar con llave.

② とても安かったものだから、買いすぎたんです。

　　Como estaba muy barato, compré demasiado.

「Xものだから Y」se usa a veces cuando ha ocurrido un suceso (Y) no deseado, y la persona, para justificarse, da una excusa o razón para eludir la responsabilidad.

③ A：どうしてこんなに遅くなったんですか。　¿Por qué se te hizo tan tarde?

　　B：すみません。出かけようとしたら、電話がかかってきたものですから。

　　　　Mil disculpas. El teléfono sonó cuando estaba a punto de salir.

No es apropiado usar「…ものだから」como en「から」y「ので」para indicar una causa o razón objetiva.

④ この飛行機は1時間に300キロ飛ぶ｛○から／○ので／×ものだから｝、3時間あれば向こうの空港に着く。

　　Este avión vuela a 300 kilómetros por hora, así que en tres horas podemos llegar al aeropuerto de nuestro destino.

Ref.　「…から（razón）」：

　　どうして朝、新聞を読みませんか。…時間がありませんから。

　　　　　　　　　　　　　　　　　　　（☞『みんなの日本語初級Ⅰ』Lección 9）

## 2. (1) ～（ら）れる（pasivo indirecto（verbo intransitivo））

Además de las oraciones en pasivo directo, en las que el objeto (Y) del verbo transitivo de la oración activa「Xが（は）Yを Vする」se convierte en el sujeto de la oración pasiva, las oraciones pasivas en japonés también incluyen una forma en la que toma el objeto (Y) de la oración activa「X が（は）Y に V する」como su sujeto. También hay otra que toma como sujeto el propietario (Z) del objeto (Y) del verbo transitivo de la oración activa「X が Y の Z を V する」.

① 先生はわたしを注意した。（を → が（は））
　　→　わたしは先生に注意された。
② 部長はわたしに仕事を頼んだ。（に → が（は））
　　→　わたしは部長に仕事を頼まれた。
③ 泥棒がわたしの財布を盗んだ。（の→が（は））
　　→　わたしは泥棒に財布を盗まれた。　　（①～③☞『みんなの日本語初級Ⅱ』Lección 37）

En japonés también es posible hacer una oración pasiva a partir de una oración de verbo intransitivo, como en「X が（は）V する」. En este caso, la persona a la que afecta la acción X se convierte en el sujeto de la oración pasiva, indicando que la acción lo ha perjudicado (lo ha perturbado o dañado).

④ 昨日雨が降った。（verbo intransitivo） Ayer llovió.
　　→　わたしは昨日雨に降られて、ぬれてしまった。（pasivo del verbo intransitivo）
　　　　Ayer me llovió y me mojé.
⑤ あなたがそこに立つと、前が見えません。（verbo intransitivo）
　　→　あなたにそこに立たれると、前が見えません。（pasivo del verbo intransitivo）
　　　　Si se levanta ahí, no puedo ver lo que hay adelante.

El propietario del sujeto de un verbo intransitivo también se puede convertir en el sujeto de una oración pasiva.

⑥ わたしの父が急に死んで、わたしは大学に行けなかった。（verbo intransitivo）
　　Mi padre murió de pronto y yo no pude ir a la universidad.
　　→　わたしは父に急に死なれて、大学に行けなかった。
　　　　（pasivo del verbo intransitivo）
　　　　Mi padre murió de pronto y yo no pude ir a la universidad.

## 2. (2) ～（ら）れる （pasivo indirecto （verbo transitivo））

También se puede usar un verbo transitivo en una oración pasiva para indicar que el sujeto ha sido perturbado o dañado.

① こんなところに信号を作られて、車が渋滞するようになってしまった。

　　Haber puesto semáforos en un lugar como este ha hecho que el tráfico se congestione.

② わたしの家の前にゴミを捨てられて困っています。

　　Tengo problemas a causa de la basura que tiran frente a mi casa.

Ref. 「～(さ)せられる／される (causativo-pasivo)」:太郎君は先生に掃除をさせられた。

(☞『みんなの日本語中級Ⅰ』Lección 4)

## 3. ～たり～たり

**V たり**

**A い → －いかったり**

**A な → －だったり**

**S    → －だったり**

(1) 「～たり～たり」se usa para dar unos dos ejemplos apropiados entre varias acciones.

① 休みの日は、洗濯をしたり、掃除をしたりします。（enumeración de acciones）

(☞『みんなの日本語初級Ⅰ』Lección 19)

(2) En la construcción 「V₁ たり V₂ たり」, V₁ y V₂ pueden ser verbos con significados opuestos, a fin de expresar el hecho de que V₁ y V₂ ocurren alternativamente.

② 映画を見ているとき笑ったり泣いたりしました。

　　Mientras veía la película me reí y también lloré.

③ この廊下は人が通ると、電気がついたり消えたりします。

　　En este pasillo, cuando la gente pasa, la luz se enciende y se apaga.

También se puede unir a adjetivos para mostrar que existen diversos tipos de cosas.

④ この店の食べ物は種類が多くて、甘かったり辛かったりします。

　　En este restaurante hay muchas variedades de comida, incluyendo la dulce y la picante.

## 4. ～っぱなし

**Forma V ます ＋ っぱなし**

「～っぱなし」significa que "es malo porque la misma situación continúa por mucho tiempo" cuando, por lo general, terminaría pronto. En 「～」 se incluye la forma V ます (raíz).

① 服が脱ぎっぱなしだ。片づけないから、部屋が汚い。

Te quitas la ropa y la dejas toda desparramada. Como no la ordenas, tu habitación está desaseada.

② こらっ。ドアが開けっぱなしだよ。早く閉めなさい。

¡Hey! ¡Has dejado la puerta abierta! ¡Ciérrala de inmediato!

Ref. 「〜たまま、…・〜のまま、…」：
眼鏡をかけたまま、おふろに入った。 (☞『みんなの日本語中級Ⅰ』Lección 8)

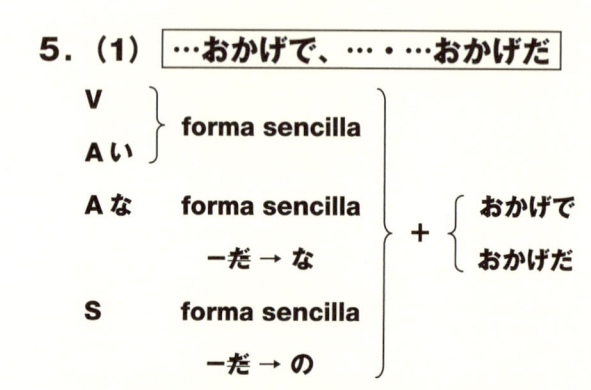

## 5.（1） …おかげで、…・…おかげだ

```
V
Aい    } forma sencilla
Aな    forma sencilla           おかげで
       －だ → な        +    {
                               おかげだ
S      forma sencilla
       －だ → の
```

「X おかげで、Y・X おかげだ」se usa cuando un resultado favorable (Y) surge gracias a una determinada causa (X).

① 先生が手紙を書いてくださったおかげで、大きい病院で研修を受けられることになった。

Gracias a la carta que escribió mi profesor, me admitieron como becario en un hospital grande.

② 値段が安かったおかげで、たくさん買えました。

Gracias a que el precio era barato pude comprar mucho.

③ 地図の説明が丁寧なおかげで、待ち合わせの場所がすぐにわかりました。

Gracias a la atenta explicación del mapa, rápidamente pude saber dónde era el lugar del encuentro.

④ 皆様のおかげで、スピーチ大会で優勝することができました。

Gracias a todos ustedes pude ganar el concurso de oratoria.

## 5. (2) …せいで、… ・ …せいだ

$$
\left.\begin{array}{l}
\text{V} \\
\text{A い}
\end{array}\right\} \text{forma sencilla} \\
\begin{array}{l}
\text{A な} \quad \text{forma sencilla} \\
\qquad -だ → な \\
\text{S} \quad \text{forma sencilla} \\
\qquad -だ → の
\end{array} + \left\{\begin{array}{l} せいで \\ せいだ \end{array}\right.
$$

Por el contrario, cuando se produce un resultado desfavorable se emplea 「…せいで」 o 「…せいだ」.

① 事故のせいで、授業に遅れてしまった。

　　Llegué tarde a la clase por culpa del accidente.

② ｛風邪薬を飲んでいる／風邪薬の｝せいで、眠くなった。

　　Me dio sueño por ｛haber tomado medicina para la gripe / la medicina para la gripe｝.

### 話す・聞く

#### …みたいです（conjetura）

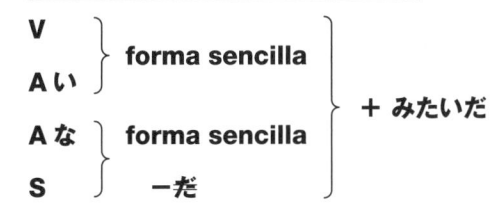

$$
\left.\begin{array}{l}
\text{V} \\
\text{A い}
\end{array}\right\} \text{forma sencilla} \\
\left.\begin{array}{l}
\text{A な} \quad \text{forma sencilla} \\
\text{S} \qquad -だ
\end{array}\right\} + みたいだ
$$

「…みたいです」indica una conjetura a partir de determinada situación, como una apariencia externa, etc.

① 電気が消えているね。隣の部屋は留守みたいだね。

　　La luz está apagada, ¿verdad? Parece que en la habitación vecina no hay nadie.

② 田中さんはお酒を飲んだみたいです。顔が赤いです。

　　Parece que el Sr. Tanaka bebió licor. Su rostro está rojo.

「…みたいです」significa lo mismo que 「…ようだ」. En el lenguaje escrito o en discursos formales se usa 「…ようだ」.

③ 資料が届いたようですので、事務室に取りに行ってまいります。

　　Parece que ya llegaron los documentos, así que voy a la oficina por ellos.

Ref. 「…ようだ（determinación a partir de una situación）」：

　　隣の部屋にだれかいるようです。

(☞『みんなの日本語初級Ⅱ』Lección 47)

### 読む・書く

**どちらかと言えば、～ほうだ**

```
V           ⎫
Aい         ⎬ forma sencilla ⎫
            ⎭                ⎬ + ほうだ
Aな   forma sencilla         ⎪
      －だ → な              ⎭
```

「どちらかと言えば、Xほうだ」se usa para indicar que un tema "no es completamente X, en el sentido estricto", pero, se expresa X cuando se dice de manera general, sin mencionar con claridad si "es X o no es X".

① この辺りには高い店が多いのですが、この店はどちらかと言えば、安いほうです。
　　Muchas tiendas son caras por aquí, pero ésta tiende a ser barata, por así decirlo.

② わたしはどちらかと言えば、好き嫌いはあまりないほうだ。
　　Por así decirlo, yo no acostumbro a decir lo que me gusta y lo que no me gusta.

③ この町はわたしの国ではどちらかと言えば、にぎやかなほうです。
　　Por así decirlo, esta localidad sería considerada en mi país como un lugar que tiende a ser bullicioso.

④ 食事しながらお酒を飲みますか。¿Bebe usted licor mientras come?
　　…そうですね。いつもではありませんが、どちらかと言えば、飲むほうですね。
　　Pues... No siempre lo hago, pero, por así decirlo, tengo tendencia a beber.

### ～ます／ませんように

(1) 「～ますように／～ませんように」indica que alguien "desea, espera o implora para que algo suceda o no suceda". A menudo se utiliza junto con「どうか」o「どうぞ」cuando uno habla consigo mismo o cuando advierte algo a otra persona.

① 優しい人と結婚できますように。
　　Ojalá que pueda casarme con una persona buena.

② どうか大きい地震が起きませんように。
　　Espero que no ocurra un fuerte terremoto.

③ 先生もどうぞ風邪をひかれませんように。
　　Profesor, espero que no contraiga la gripe.

# Ítems del aprendizaje

| Lección | 話す・聞く (Conversación y comprensión oral) | 読む・書く (Lectura y escritura) |
|---|---|---|
| **Lección 1** | お願いがあるんですが<br>(Quisiera pedirle un favor, ¿podría...?) | 畳<br>(*Tatami*) |
| Objetivo | Hacer una solicitud cortés sobre algo que se vacila en pedir<br>Expresar gratitud | Leer un pasaje y descubrir en qué lugar se ha escrito acerca de la historia de alguna cosa, así como sus cualidades |
| Ítems gramaticales | 1. ～てもらえませんか・～ていただけませんか・～てもらえないでしょうか・～ていただけないでしょうか | 2. ～のようだ・～のような～・～のように…<br>3. ～ことは／が／を<br>4. ～を～と言う<br>5. ～という～<br>6. いつ／どこ／何／だれ／どんなに～ても |
| Ítems suplementarios | *～じゃなくて、～ | *…のだ・…のではない<br>*何人も、何回も、何枚も… |
| **Lección 2** | 何のことですか<br>(¿Qué significa?) | 外来語<br>(Palabras extranjeras incorporadas al japonés) |
| Objetivo | Preguntar el significado de un término desconocido y confirmar lo que se debe hacer al respecto | Encontrar ejemplos y opiniones |
| Ítems gramaticales | 1. (1) ～たら、～た<br>　　(2) ～たら、～た<br>2. ～というのは～のことだ・～というのは…ということだ | 5. ～みたいだ・～みたいな～・～みたいに… |

|  |  |  |
|---|---|---|
|  | 3．…という～<br>4．…ように言う／注意する／伝える／頼む |  |
| Ítems suplementarios | ＊～ところ |  |
| **Lección 3** | 遅れそうなんです<br>(Parece que voy a atrasarme) | 時間よ、止まれ！<br>(¡Tiempo!, ¡deténgase!) |
| Objetivo | Explicar una situación y pedir disculpas cortésmente<br>Solicitar cortésmente la modificación de algo | Intuir el contenido del texto mirando una gráfica |
| Ítems gramaticales | 1．～(さ)せてもらえませんか・～(さ)せていただけませんか・～(さ)せてもらえないでしょうか・～(さ)せていただけないでしょうか<br>2．(1) …ことにする<br>　　(2) …ことにしている<br>3．(1) …ことになる<br>　　(2) …ことになっている | 4．～てほしい・～ないでほしい<br>5．(1) ～そうな～・～そうに…<br>　　(2) ～なさそう<br>　　(3) ～そうもない |
| Ítems suplementarios | ＊～たあと、… |  |
| **Lección 4** | 伝言、お願いできますか<br>(¿Podría pedirle que comunique el mensaje?) | 電話嫌い<br>(No me gusta el teléfono) |
| Objetivo | Recibir un mensaje y pedir a alguien que deje un mensaje<br>Dejar un mensaje en el contestador telefónico | Leer un pasaje y reflexionar mientras tanto en la manera en que cambian los sentimientos |

| | | |
|---|---|---|
| Ítems gramaticales | 1. …ということだ<br>2. …の・…の？<br>3. ～ちゃう・～とく・～てる | 4. ～（さ）せられる・～される<br>5. ～である<br>6. ～ます、～ます、…・～くも、～くも、… [forma discontinua]<br>7. (1) ～（た）がる<br>　　(2) ～（た）がっている<br>8. …こと・…ということ |
| Ítems suplementarios | ＊～の～<br>＊～ましたら、…・～まして、… | |
| **Lección 5**<br>Objetivo | どう行ったらいいでしょうか<br>(¿Cómo puedo ir a...?)<br>Preguntar y enseñar la forma de ir a algún lugar<br>Preguntar e indicar una ruta | 地図<br>(Mapa)<br>Leer un pasaje mientras piensa en las razones de algo |
| Ítems gramaticales | 1. (1) あ～・そ～<br>　　(2) そ～<br>2. …んじゃない？<br>3. ～たところに／で | 4. (1) ～（よ）う [forma volitiva] とする<br>　　(2) ～（よ）う [forma volitiva] とする／しない<br>5. …のだろうか<br>6. ～との／での／からの／までの／への～<br>7. …だろう・…だろうと思う |
| Ítems suplementarios | ＊…から、～てください | ＊が／の |

| | | | |
|---|---|---|---|
| **Lección 6** | 行<sub>い</sub>かせていただきたいんですが<br>(Quisiera que me permitieran ir) | | メンタルトレーニング<br>(Entrenamiento mental) |
| Objetivo | Dar a conocer la intención de obtener permiso<br>Obtener un permiso a través de una conversación | | Leer un pasaje mientras piensa en lo que indica el término「こそあど」 |
| Ítems gramaticales | 1．(1) …て…・…って…<br>　　(2) 〜って… | | 2．(1) 〜つもりはない<br>　　(2) 〜つもりだった<br>　　(3) 〜たつもり・〜ているつもり<br>3．〜てばかりいる・〜ばかり〜ている<br>4．…とか…<br>5．〜てくる<br>6．〜てくる・〜ていく |
| Ítems suplementarios | | | ＊こ〜 |
| **Lección 7** | 楽<sub>たの</sub>しみにしてます・遠慮<sub>えんりょ</sub>させてください<br>(Lo deseo vivamente / Por favor, perdóneme por no…) | | まんじゅう、怖<sub>こわ</sub>い<br>(Los pastelillos de mermelada de fríjol me dan miedo) |
| Objetivo | Aceptar con gusto una invitación<br>Rechazar cortésmente una invitación, explicando la razón | | Leer un pasaje mientras confirma quién ha hablado |
| Ítems gramaticales | 1．(1) 〜なくてはならない／いけない・〜なくてもかまわない | | 4．(1) 〜なんか…<br>　　(2) …なんて…<br>5．(1) 〜（さ）せる |

111

| | | | |
|---|---|---|---|
| | | (2) 〜なくちゃ／〜なきゃ［いけない］<br>2．…だけだ・［ただ］…だけでいい<br>3．…かな | (2) 〜（さ）せられる・〜される<br>6．…なら、… |
| Ítems suplementarios | | | ＊〜てくれ |
| **Lección 8** | Objetivo | 迷子になっちゃったんです<br>(¡Me he perdido!)<br><br>Explicar en detalle circunstancias relacionadas con la gente y los objetos | 科学者ってどう見える？<br>(¿Qué opina de los científicos?)<br><br>Encontrar la respuesta a la pregunta del título<br>Leer un pasaje mientras piensa cómo se relaciona cada oración con otra, antes y después de la misma |
| | Ítems gramaticales | 1．(1) 〜あいだ、…<br>　　(2) 〜あいだに、…<br>2．(1) 〜まで、…<br>　　(2) 〜までに、…<br>3．〜た〜 | 4．〜によって…<br>5．〜たまま、…・〜のまま、…<br>6．…からだ |
| | Ítems suplementarios | ＊髪／目／形　をしている | |
| **Lección 9** | Objetivo | どこが違うんですか<br>(¿Cuál es la diferencia?)<br>Comunicar deseos y condiciones sobre lo que desea comprar<br>Comparar diferencias y elegir lo que desea comprar | カラオケ<br>(Karaoke)<br>Comprender cabalmente los hechos<br>Comprender la opinión del autor |

| | | |
|---|---|---|
| Ítems gramaticales | 1. お 〜ます です<br>2. 〜てもかまわない<br>3. …ほど〜ない・…ほどではない | 4. 〜ほど〜はない／いない<br>5. …ため［に］、…・…ためだ<br>6. 〜たら／〜ば、…た |
| **Lección 10** | そんなはずはありません<br>(Eso no es posible) | 記憶型と注意型<br>(Estilo-memoria y estilo-atención) |
| Objetivo | Responder con calma ante un malentendido | Leer mientras intenta buscar las diferencias<br>Comprender las conclusiones |
| Ítems gramaticales | 1. (1) …はずだ<br>　(2) …はずが／はない<br>　(3) …はずだった | 2. …ことが／もある<br>3. 〜た結果、…・〜の結果、…<br>4. (1) 〜出す<br>　(2) 〜始める・〜終わる・〜続ける<br>　(3) 〜忘れる・〜合う・〜換える |
| Ítems suplementarios | | ＊…ということになる |
| **Lección 11** | お勧めのところ、ありませんか<br>(¿Hay algún lugar que me recomiende?) | 白川郷の黄金伝説<br>(La leyenda del oro de Shirakawa-go) |
| Objetivo | Ofrecer y aceptar sugerencias | Intuir el contenido mirando la fotografía<br>Comprender por qué nació la leyenda del oro |
| Ítems gramaticales | 1. 〜てくる・〜ていく<br>2. 〜たら［どう］？ | 5. …らしい<br>6. 〜として |

|  |  |  | |
|---|---|---|---|
|  |  | 3．…より…ほうが… | 7．(1) ～ず［に］… |
|  |  | 4．～らしい | (2) ～ず、… |
|  |  |  | 8．…ている |
| Ítems suplementarios |  | ＊～なんかどう？ |  |
| **Lección 12** | Objetivo | ご迷惑をかけてすみませんでした (Discúlpeme por haberle causado molestias) Pedir disculpas después de recibir una queja Explicar las circunstancias | 【座談会】 日本で暮らす ([Mesa de debates] La vida en Japón) Leer mientras compara las diferencias de opinión |
|  | Ítems gramaticales | 1．…もの／もんだから 2．(1) ～(ら)れる  (2) ～(ら)れる | 3．～たり～たり 4．～っぱなし 5．(1) …おかげで、…・…おかげだ (2) …せいで、…・…せいだ |
|  | Ítems suplementarios | ＊…みたいです | ＊どちらかと言えば、～ほうだ ＊～ます／ませんように |

文法担当 Gramática
　　庵功雄（Isao Iori）　　高梨信乃（Shino Takanashi）　　中西久実子（Kumiko Nakanishi）
　　前田直子（Naoko Maeda）

執筆協力 Colaboración
　　亀山稔史（Toshifumi Kameyama）　　沢田幸子（Sachiko Sawada）　　新内康子（Koko Shin'uchi）
　　関正昭（Masaaki Seki）　　田中よね（Yone Tanaka）　　鶴尾能子（Yoshiko Tsuruo）
　　藤嵜政子（Masako Fujisaki）　　牧野昭子（Akiko Makino）　　茂木真理（Mari Motegi）

編集協力 Asesora editorial
　　石沢弘子（Hiroko Ishizawa）

スペイン語翻訳 Traducción
　　AZ Support Co., Ltd.

イラスト Ilustración
　　佐藤夏枝（Natsue Sato）

本文レイアウト Diseño del texto
　　山田武（Takeshi Yamada）

編集担当 Edición
　　井上隆朗（Takao Inoue）

---

# みんなの日本語　中級Ⅰ
## 翻訳・文法解説　スペイン語版

2011年 3月28日　初版第1刷発行

編著者　株式会社　スリーエーネットワーク
発行者　小林卓爾
発　行　株式会社　スリーエーネットワーク
　　　　〒101-0064 東京都千代田区猿楽町2-6-3（松栄ビル）
　　　　電話　営業 03（3292）5751
　　　　　　　編集 03（3292）6192
　　　　http://www.3anet.co.jp/
印　刷　倉敷印刷株式会社

---

不許複製　　ISBN978-4-88319-560-2　C0081
落丁・乱丁本はお取り替えいたします。

## みんなの日本語シリーズ

### みんなの日本語初級 I

| | | | |
|---|---|---|---|
| 本冊 | 2,625 円 | 漢字 韓国語版 | 1,890 円 |
| 本冊 ローマ字版 | 2,625 円 | 漢字 ポルトガル語版 | 1,890 円 |
| 翻訳・文法解説ローマ字版（英語） | 2,100 円 | 漢字練習帳 | 945 円 |
| 翻訳・文法解説英語版 | 2,100 円 | 漢字カードブック | 630 円 |
| 翻訳・文法解説中国語版 | 2,100 円 | 初級で読めるトピック 25 | 1,470 円 |
| 翻訳・文法解説韓国語版 | 2,100 円 | 書いて覚える文型練習帳 | 1,365 円 |
| 翻訳・文法解説フランス語版 | 2,100 円 | 聴解タスク 25 | 2,100 円 |
| 翻訳・文法解説スペイン語版 | 2,100 円 | 教え方の手引き | 2,940 円 |
| 翻訳・文法解説タイ語版 | 2,100 円 | 練習 C・会話イラストシート | 2,100 円 |
| 翻訳・文法解説ポルトガル語版 | 2,100 円 | 導入・練習イラスト集 | 2,310 円 |
| 翻訳・文法解説インドネシア語版 | 2,100 円 | CD | 5,250 円 |
| 翻訳・文法解説ロシア語版〔第 2 版〕 | 2,100 円 | 携帯用絵教材 | 6,300 円 |
| 翻訳・文法解説ドイツ語版 | 2,100 円 | B4 サイズ絵教材 | 37,800 円 |
| 翻訳・文法解説ベトナム語版 | 2,100 円 | 会話 DVD NTSC | 8,400 円 |
| 標準問題集 | 945 円 | 会話 DVD PAL | 8,400 円 |
| 漢字 英語版 | 1,890 円 | | |

### みんなの日本語初級 II

| | | | |
|---|---|---|---|
| 本冊 | 2,625 円 | 漢字 英語版 | 1,890 円 |
| 翻訳・文法解説英語版 | 2,100 円 | 漢字 韓国語版 | 1,890 円 |
| 翻訳・文法解説中国語版 | 2,100 円 | 漢字練習帳 | 1,260 円 |
| 翻訳・文法解説韓国語版 | 2,100 円 | 初級で読めるトピック 25 | 1,470 円 |
| 翻訳・文法解説フランス語版 | 2,100 円 | 書いて覚える文型練習帳 | 1,365 円 |
| 翻訳・文法解説スペイン語版 | 2,100 円 | 聴解タスク 25 | 2,520 円 |
| 翻訳・文法解説タイ語版 | 2,100 円 | 教え方の手引き | 2,940 円 |
| 翻訳・文法解説ポルトガル語版 | 2,100 円 | 練習 C・会話イラストシート | 2,100 円 |
| 翻訳・文法解説インドネシア語版 | 2,100 円 | 導入・練習イラスト集 | 2,520 円 |
| 翻訳・文法解説ロシア語版〔第 2 版〕 | 2,100 円 | CD | 5,250 円 |
| 翻訳・文法解説ドイツ語版 | 2,100 円 | 携帯用絵教材 | 6,825 円 |
| 翻訳・文法解説ベトナム語版 | 2,100 円 | B4 サイズ絵教材 | 39,900 円 |
| 標準問題集 | 945 円 | 会話 DVD NTSC | 8,400 円 |
| | | 会話 DVD PAL | 8,400 円 |
| みんなの日本語初級 やさしい作文 | 1,260 円 | | |

### みんなの日本語中級 I

| | | | |
|---|---|---|---|
| 本冊 | 2,940 円 | 翻訳・文法解説ドイツ語版 | 1,680 円 |
| 翻訳・文法解説英語版 | 1,680 円 | 翻訳・文法解説スペイン語版 | 1,680 円 |
| 翻訳・文法解説中国語版 | 1,680 円 | 教え方の手引き | 2,625 円 |
| 翻訳・文法解説韓国語版 | 1,680 円 | | |

価格は税込みです

**スリーエーネットワーク**

ホームページで新刊や日本語セミナーをご案内しています
http://www.3anet.co.jp/